Créations
avec 3ds max

61, boulevard Saint-Germain
75240 Paris Cedex 05

ISBN 2-212-11248-3

www.editions-eyrolles.com

Cahier 08 du DESIGNER

Créations avec 3ds max

RENAUD BELLEFON
PASCAL BLANCHÉ
JEAN-SÉBASTIEN HODDÉ
RAPHAËL LACOSTE
OLIVIER LEONARDI
XAVIER MARQUIS
MARC MORDELET
MICHEL ROGER
STÉPHANE WIEDERKEHR

EYROLLES

, un outil de création ? Bien
ais ne serait-ce pas également
ouet des grands enfants ?
uinze ans, comme des milliers
ants, j'emboîtais des blocs et
es pour réaliser mon vaisseau
voiture préférés. Aujourd'hui,

je fabrique mes modèles uni
aussi vrais que nature. La
c'est également ça, joue
à matérialiser des rêves d'en
tout en faisant croire que
travaille durement.

atelier 01

RENAUD **BELLEFON**

Matériel utilisé

- Bi-Pentium 1GHz
- 1 Go de RAM
- Disque dur de 30 Go
- Une boîte de Lego®

Logiciels utilisés

- 3ds max 4
- Photoshop 6

Kulbuto

Image finale

Souvent, j'ai pu lire d'artistes qu'ils cherchaient à exprimer des oppositions ou divers sentiments par leurs créations visuelles. Je n'ai pas atteint cette dimension. Ma démarche depuis quelques temps est de partir au gré de ma souris. Pour *Kulbuto*, je me suis fixé la réalisation du véhicule Lego de mes rêves. À partir de cet instant, je pars directement dans 3ds max et tourne autour de mon modèle ; je ne fais ni croquis ni esquisses, je m'inspire d'images volées ou de souvenirs passés. Je sculpte aussi vite que possible pour arriver au premier concept. Rapidement, j'éclaire le modèle et réalise ainsi une esquisse que je vais ensuite peaufiner et détailler. Cette façon personnelle d'approcher une création m'est apparue peu à peu, car la technique me manquait auparavant.

Je travaille toujours la (modélisation **rapidement dans le logiciel**

et me laisse ensuite guider par les rendus pour la finaliser avec précision.

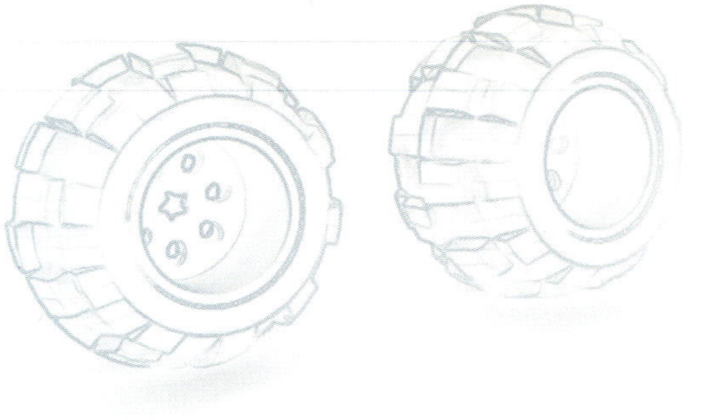

Étape 1

Modélisation du véhicule

Je commence toujours par modéliser les éléments les plus simples, mais également les plus représentatifs. Bien que j'aille rapidement à l'essentiel, je m'oblige dès le début à effectuer mes modélisations en haute définition, ce qui me permet de ne pas avoir à revenir par la suite sur les éléments déjà modélisés. Pour cette étape, j'utilise les primitives du logiciel ; dans 3ds max, elles sont en effet très fournies et paramétrables à souhait. Ainsi, je peux rapidement avoir des chanfreins précis et de qualité, ce qui est primordial pour bien finir un volume.

La fonction Booléens de 3ds max convient parfaitement pour les trous. Une autre fonction très puissante est celle qui permet de manipuler des splines dans leurs diamètres et leurs définitions, ce qui offre une grande liberté pour créer toutes formes de tiges ou de tuyaux coudés.

Pour modéliser les surfaces comme celle du capot, il faut tracer les quatre lignes principales qui le composent et les connecter avec l'outil Surface, ce qui reste l'alternative idéale. Ensuite, il suffit d'extruder des zones supérieures ce qui permet de donner des rainures sur le dessus du capot.

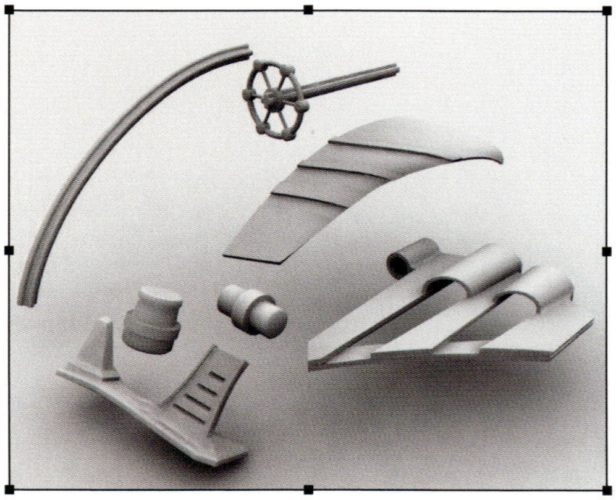

Pour les formes complexes, comme le garde boue, je modélise les éléments séparément et les connecte ensuite entre eux. En revanche, je n'hésite pas à décomposer une pièce complexe en plusieurs morceaux et à les ajuster au plus près, sans les connecter comme précédemment, afin de donner l'illusion d'une pièce unique (par exemple dans le cas des flancs). Ces derniers sont en effet composés de cylindres et de demi cylindres déformés, posés sur des plaques taillées, l'ensemble reposant sur une plaque arrondie.

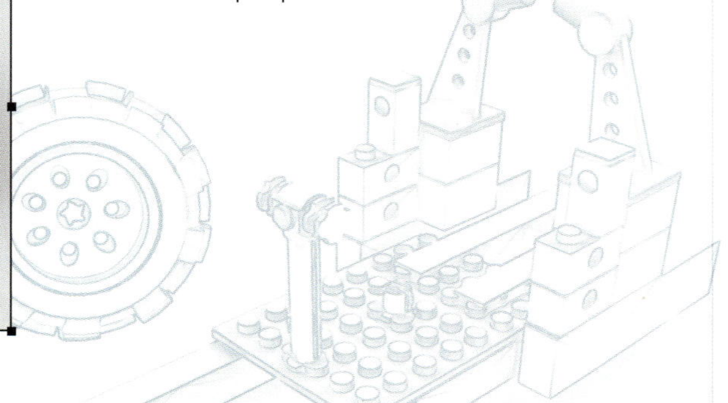

Châssis et roues

Je construis maintenant le châssis avec les éléments déjà modélisés. Place au jeu ! Il suffit ici de dupliquer les pièces et de les disposer petit à petit.

Au fur et à mesure, je modélise également les pièces qui manquent, comme le porte volant, réplique exacte d'une pièce réelle.
Pour le pneu, je pars d'une sphère peu détaillée. Je supprime les polygones de chaque côté pour obtenir une sorte de bol troué, puis j'extrude des crampons un à un. Pour les jantes, une succession de cylindres de différentes tailles et diamètres font l'affaire.

Étape 1

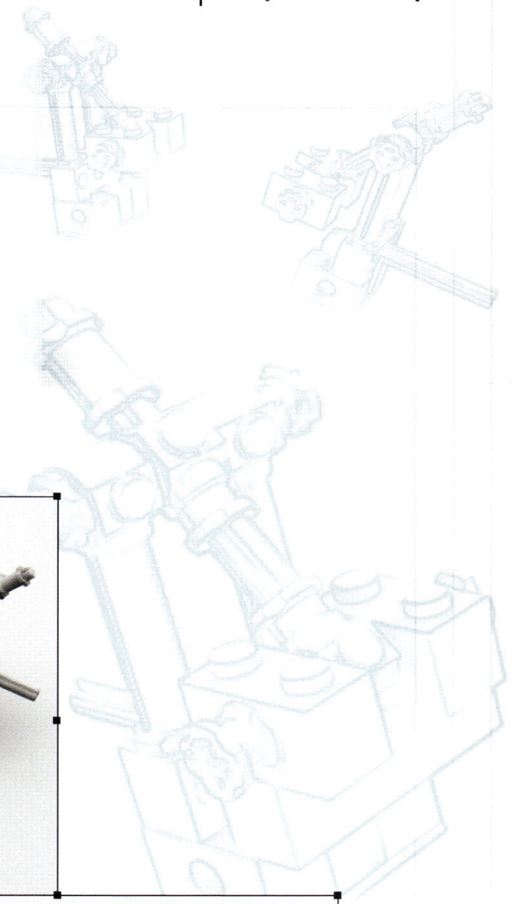

Avec la fonction Booléens, composez des trous à l'intérieur de la jante sans mégoter sur le nombre de polygones. Il est en effet hasardeux de revenir dessus après l'application de cette fonction.

Essieux, amortisseurs et moteur

Bien sûr, il suffit de modéliser un seul essieu/amortisseur et de le dupliquer. Pour donner la crédibilité à cette pièce, il a fallu que je sois précis dans les petites pièces de maintien, combinaison entre une petite sphère pour faire le galbe et des booléens pour les encoches. Il faut ensuite emboîter peu à peu les différentes pièces, comme les tiges, les bipièces, et ainsi sculpter l'essieu/amortisseur. J'avais auparavant construit cette composition « en vrai », ce qui la rend réaliste dans sa représentation.

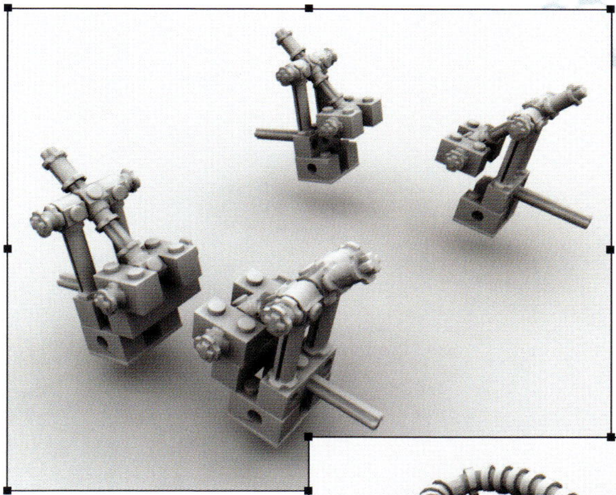

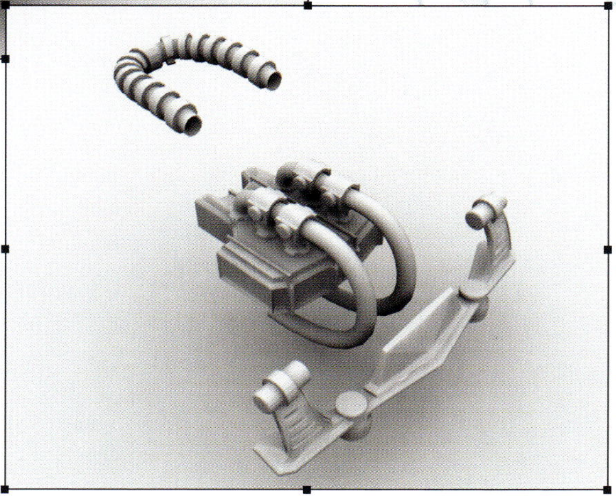

En ce qui concerne le moteur, la seule nouveauté à modéliser par rapport aux étapes précédentes est la boîte centrale. Elle est réalisée par un volume de base simple, que je sculpte par extrusion et déformation de polygones.

Je rajoute enfin des lamelles de fine épaisseur (sections rectangulaires extrudées). Le clonage de plus petits éléments complexifie l'ensemble et le rend plus crédible. Les tuyaux sont modélisés par des lignes extrudées selon une section circulaire.

Étape 2

L'objectif est de (casser les lignes *souvent anguleuses de la 3D.*

Modélisation grossière du pont

Je pose très rapidement les volumes, en ayant en tête une idée précise de la composition finale à laquelle j'ai déjà longuement réfléchi. Cette modélisation grossière fait apparaître des éléments à préciser, à affiner. Certaines zones qui nécessitent un travail plus fin ou davantage de détails sont également mises en évidence de cette façon.

Souvent, la difficulté de création d'un décor ne réside pas dans la technique de modélisation, mais plutôt dans le nombre de détails qui le composent. Pour éviter le côté « désertique » et vide, je rajoute des pierres ainsi que des tubes en fer qui sortent de la roche.

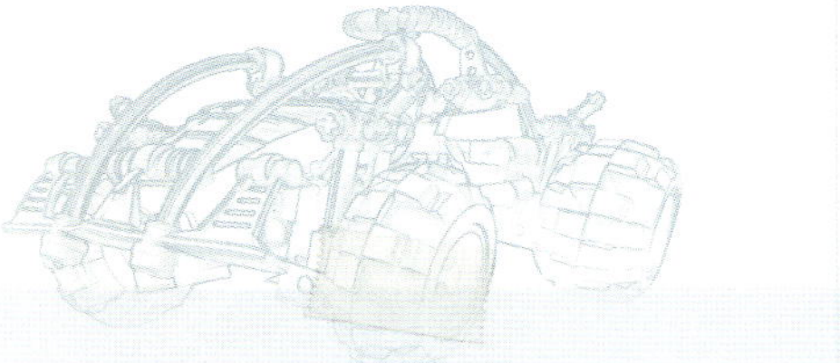

Je conseille de modéliser les tubes avec des cylindres et de les déformer progressivement à l'aide de l'outil Soft selection de la fonction Editable mesh.

Globalement, comme dans une mise en scène, le décor aide à mettre le véhicule en valeur. Il me semblait judicieux ici d'utiliser le contraste entre un véhicule « jouet » et un décor réaliste.

Pour habiller l'image, je place également un fragment de bitume en bas à droite. C'est une plaque créée avec la primitive Plane dont j'ai déplacé des vertex afin de donner un aspect « cassé ».

Affiner les volumes, ajouter des détails

Pour créer la surface chaotique de la base du pont, je vais rajouter des polygones aux zones choisies avec l'outil de subdivisions de faces. Je déforme ensuite ces polygones en poussant ou tirant des vertex. J'utilise également la fonction Soft selection pour déplacer un ensemble de vertex, afin d'éviter des ruptures trop violentes.

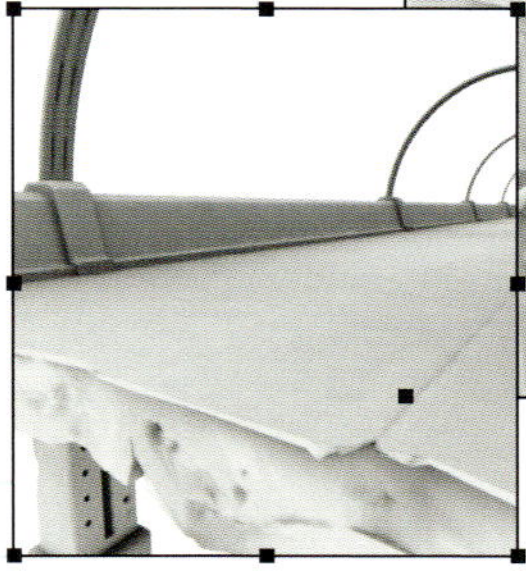

Étape 3

Cadrage

J'ai longtemps cherché un angle pour bien mettre en valeur le véhicule. Mais, comme pour toute image fixe, et a fortiori quand elle représente un véhicule, il est impossible de montrer tous les volumes. Je suis donc parti sur une prise d'angle d'école, un trois-quarts avant, comme en design transport.

Le véhicule est placé légèrement au-dessus du point central de l'image, ce qui a pour effet de renforcer son côté « dominateur ». De plus, son centre de gravité visuel se trouve être au niveau de la barrière arrière du pont qui matérialise l'horizon. Tout ceci participe à l'équilibre de l'image et au côté imposant du véhicule, malgré le volume réduit qu'il occupe dans la page.

Premier éclairage

L'éclairage est capital, beaucoup plus même que le travail de textures d'après moi. Il permet notamment de vérifier si les volumes sont bien finis, mais également de valider leurs niveaux de détails. Pour créer ce premier éclairage, j'utilise le moteur de rendu Vray qui fait partie des meilleurs moteurs de rendu de la nouvelle génération.

Il est particulièrement (facile de régler les ombres douces *et l'illumination globale avec un outil comme Vray.*

Je recherche, à l'aide d'une esquisse rapide, l'éclairage qui mettra le mieux les volumes en valeur. Je choisis pour cela une source de lumière unique pour simuler l'éclairage extérieur réel (située ici en haut à gauche). À ce stade, je ne vais pas plus loin dans les réglages, car les textures vont avoir maintenant une influence extrêmement importante dans le rendu final ; il ne sert donc à rien de pousser plus avant la finition.

L'arrivée de l'éclairage, c'est ce petit moment magique où l'on découvre le jeu des ombres sur les volumes. Tous ces coins et recoins donnent vie à un objet complètement virtuel.

Étape 4

Matériaux

Le véhicule est composé de matériaux basiques, de couleurs unies, sans aucun artifice de type spéculaire, bump, etc. Le décor, lui, est beaucoup plus complexe, avec des matériaux types pierre ou rouille, sans artifice non plus. Un matériau permet de faire le lien entre ces deux mondes, c'est le chrome utilisé dans les flancs et sur quelques pièces, comme la spirale avant : il est à la fois basique, de couleur noire, et fait appel à des textures complexes très diverses au niveau de ses reflets.

Textures

Si le véhicule ne nécessite aucune texture, le décor en revanche est bien plus complexe. J'utilise des coordonnées de textures (UV) planaires pour le bitume, cylindriques pour les tiges d'acier et cubiques pour les voûtes et les poteaux métalliques.

Plaquer les textures

Le coloriage a toujours été pour moi l'étape la plus délicate. Ici, il se décompose en deux phases bien distinctes, le véhicule et le décor, comme pour marquer toujours plus la différence entre les deux modèles, le véhicule jouet et le fond réaliste.

Toute la difficulté réside dans le placage des textures. J'utilise plusieurs techniques différentes : soit je plaque une texture unique que je vais travailler en détail, comme celle de la roche au premier plan, soit je choisis une texture que je multiplie.
Dans le premier cas, je fais une capture d'écran (*screenshot*) du maillage pour la roche, puis je peins les coulures de rouilles dans Photoshop avant de simuler l'ombre.
Pour les textures qui peuvent être répliquées, il faut surtout éviter les répétitions de motifs trop marqués qui finissent par devenir très voyants sur des grandes surfaces. Pour souligner les différentes épaisseurs, je détache les polygones qui les forment et applique des coordonnées de textures planaires. Ceci me permet de mieux contrôler les étirements et déformations de textures dues au changement de surfaces. ■

Régler les textures

Étape 5

Réglage des ombres

La finition reste subtile. Je souhaitais obtenir une ombre à la fois diffuse et une illumination globale assez forte. Avec Vray, il faut à la fois jouer sur les paramètres de dimension de la lampe qui va générer l'ombre diffuse (U = 30, V = 5, W = 5), et sur le paramètre multiplicateur de l'intensité de l'environnement (je prends une valeur égale à 2,5). La combinaison de ces paramètres permet d'obtenir une ombre portée de faible impact, tout en conservant une exposition solaire de forte valeur.

Le travail de la 3D est maintenant achevé, je passe donc à la finalisation dans Photoshop. Je rajoute un background avec un léger flou, pour simuler une focale de caméra. Je rehausse les contrastes et ajuste les saturations de teintes.

Pour simuler les focales ou effets de vitesses, j'utilise la même petite astuce qu'en animation. Je duplique d'abord l'image sur un autre calque, sans le background ; je crée un masque d'opacité sur le deuxième calque, qui va effacer le centre de l'image. J'applique ensuite un flou gaussien sur la totalité de cette image ce qui me permet de le régler avec beaucoup de précision. Le masque d'opacité doit également subir un flou gaussien pour éviter une ligne trop marquée.

J'écrase maintenant toute la pile de calques et je reviens peaufiner les contrastes et les niveaux de l'image. Le tour est joué ! L'image est terminée. À noter que si les finitions sont assez légères, c'est que j'essaye toujours d'avoir le moins de retouche possible à faire après la 3D, et travaille donc beaucoup en amont la modélisation et l'éclairage. C'est évidemment un choix qui m'est propre.

"The Journey"

Ma méthode de travail
est essentiellement axée sur
alisation de l'image. Qu'importe
le modèle ait quelques défauts,
moment que la composition
l'ambiance générale accrochent
regard. Si vous gardez ces buts
tête, vous parviendrez très vite

à de meilleurs résultats. Notez aussi que ce n'est pas forcément dès vos premiers essais que vous réaliserez quelque chose qui vous plaira. Il faut pratiquer, encore et toujours, s'entêter, et les progrès se feront d'eux-mêmes.
Bonne modélisation !

atelier 02

PASCAL **BLANCHÉ**

Matériel utilisé

- PC tower
- Pentium III 666 MHz
- 396 Mo de RAM
- 40 Go de disque dur

Logiciels utilisés

- 3ds max 4.2.1
- Arnold Renderer
- Photoshop 5

The Journey

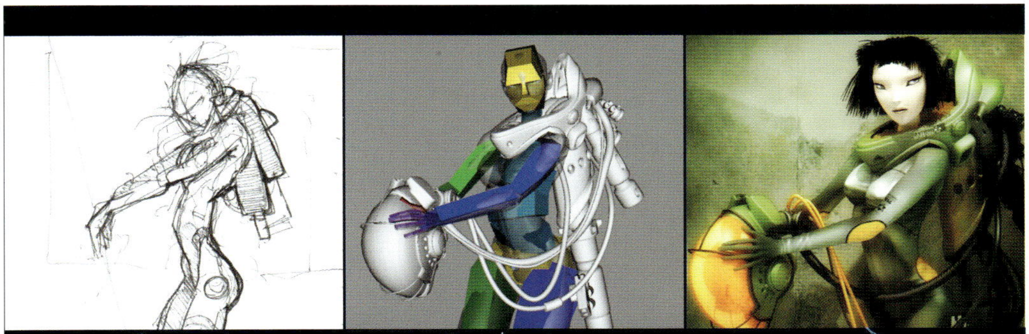

Concept — Réalisation — Image finale

Cette idée me trottait dans la tête depuis un petit bout de temps : réaliser une image mêlant sensualité et technologie. Côté références, je me suis inspiré du travail de Masumune Shirow, le papa des mangas *Ghost in the Shell* et *Apple Seed*, et des univers de Yukito Kishiro (mangas *Gunnm* et *Ashen Victor*) et de Nihei Tsutomu (*Blame*). Je suis un fan de mangas, et je voulais dans une certaine mesure essayer de restituer l'ambiance de ces mondes graphiques.

En fait, cette (image s'est imposée à moi plus *que je ne l'avais vraiment imaginée.*

Étape 1

Création et modélisation du personnage

Avant de commencer le *modelling* de votre personnage, essayez de le visualiser un peu sur papier... Pas la peine de travailler votre dessin dans les détails, il s'agit juste de fixer les lignes fortes de votre personnage, ses caractéristiques, et surtout de définir un tant soit peu la pose générale du sujet. Cela vous permettra par la suite de savoir où vous allez porter l'effort de votre travail, et de vous fixer un but à atteindre.

Ma technique préférée s'appelle le *boxmodelling*. Elle consiste à partir d'une boîte de polygones, à l'étirer, et à la transformer en rajoutant progressivement des faces (extrude) pour arriver au résultat désiré. Cette méthode de modélisation permet une approche simple des volumes : on peut ainsi se concentrer très rapidement sur les détails. Cette première étape pourra en dérouter plus d'un au commencement, mais s'avère à l'usage la plus efficace pour 3ds max.

Après avoir créé les volumes principaux de votre personnage, essayez d'orienter vos faces et vos edges dans le sens des courbes du corps, car cela vous aidera par la suite à mieux définir les muscles et autres subtilités du corps humain. Lors de cette étape, je ne saurais trop vous recommander de bien vous documenter. Beaucoup de livres parlent d'anatomie, et à moins d'avoir une expérience de dix ans de modèle vivant derrière vous, vous ne pourrez vous en passer. Certains sites Internet constituent également de bonnes ressources. Ne tentez pas de reproduire à tout prix une anatomie parfaite, mais essayez d'en garder les grandes lignes.

La plupart du temps, je préfère travailler en mode éditable mesh plutôt qu'en éditable polygone. Bien que cette dernière fonction se soit largement améliorée sur 3ds max 5, avec des

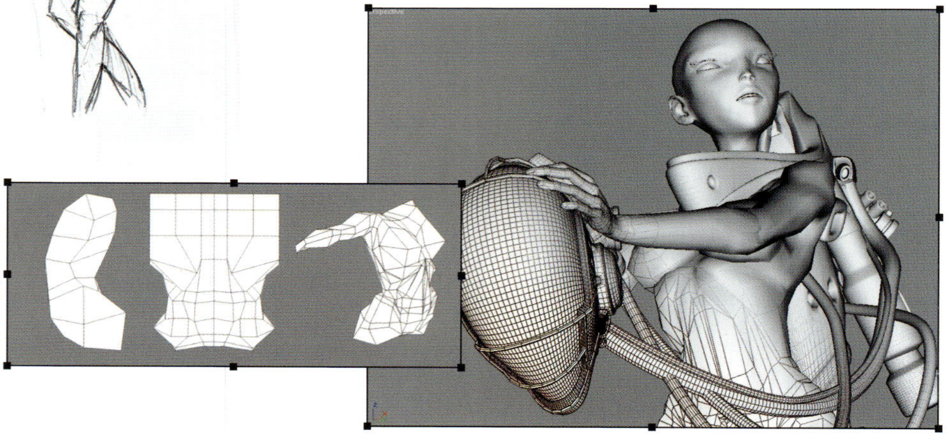

Il m'arrive constamment de faire des allers-retours dans la progression de mon travail. J'entends par là qu'il ne faut pas hésiter à sauvegarder souvent, en gardant bien chaque étape cruciale de modélisation sous des noms différents, pour pouvoir revenir en arrière si le besoin s'en fait sentir. Essayez autant que possible de garder un nombre de polygones assez bas, en ne rajoutant du détail que dans les zones importantes : principalement autour des articulations et sur le visage.

outils de sélection très pratiques, je préfère néanmoins avoir encore la possibilité de tourner rapidement le sens de mes edges invisibles et de les rendre visibles ou invisibles.

Comme je l'ai dit précédemment, la grande partie de mon travail se fait par petites touches d'essais/erreurs. Mais voici quelques astuces que j'utilise constamment en modelling sous 3ds max.

Le modificateur Relax permet d'adoucir les angles et les arêtes d'un mesh, ou d'une sélection de points. C'est généralement grâce à cette méthode que j'arrive à obtenir le côté organique et léché de mes modèles. Attention toutefois à user de ce modificateur avec parcimonie, car il a tendance à amaigrir et à adoucir les détails. C'est pourquoi je vous recommande de ne l'utiliser que sur des Soft selections de vertex (dégradé de sélection).

Le modificateur Push est un autre outil très simple permettant de gonfler ou d'amaigrir un modèle. Il s'avère là aussi très efficace lorsqu'il est utilisé avec une sélection de vertex, pour changer les proportions de votre personnage, par exemple. Je m'en sers fréquemment en parallèle avec un modificateur Relax, pour venir compenser la perte de volume occasionnée par ce dernier. Ainsi, sur cette image, j'ai employé le modificateur Push pour amincir mon modèle.

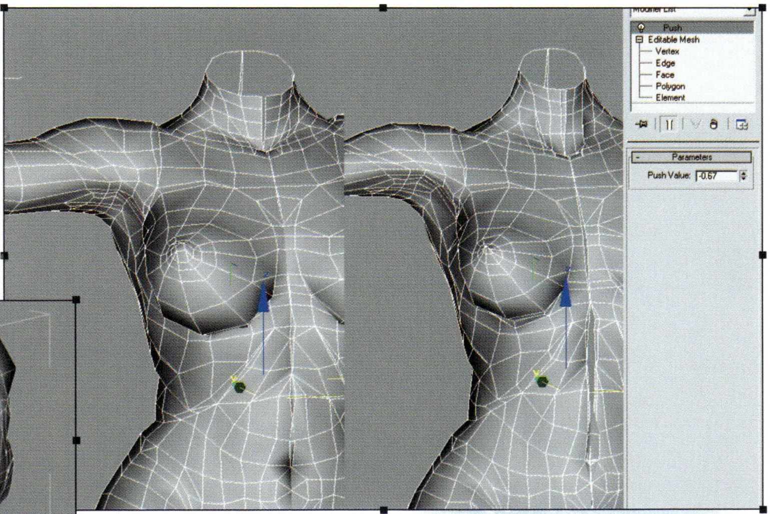

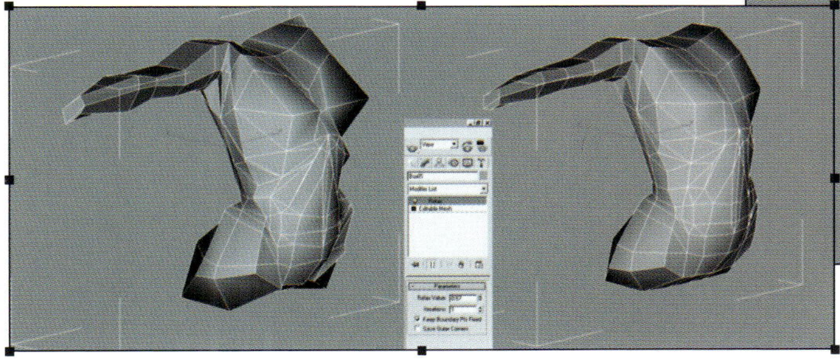

En éditable polygone, j'utilise deux fonctions très utiles qui me permettent de rajouter de nouvelles lignes de vertex. Je sélectionne tout d'abord une suite consécutive d'edges grâce à l'outil de sélection Ring. Je clique ensuite sur l'option Connect pour créer une nouvelle ligne d'edges qui passera au milieu des edges sélectionnés. Pratique, non ?

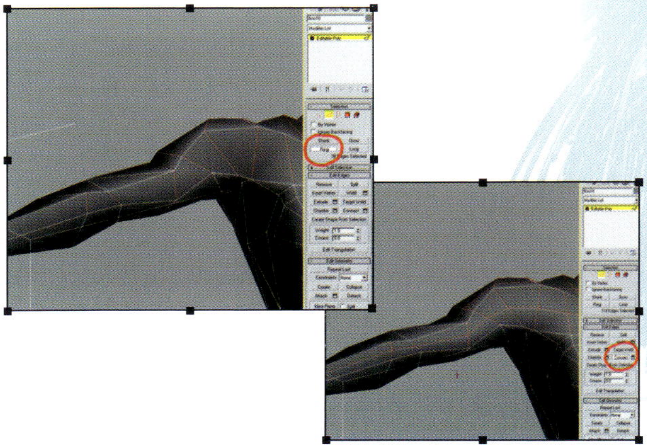

Étape 2

Détails et proportions

Après avoir terminé le modelling général du corps, je rajoute habituellement un modificateur MeshSmooth réglé au niveau de lissage 1 pour obtenir un maillage plus précis, à partir duquel je travaille les détails et la silhouette générale.

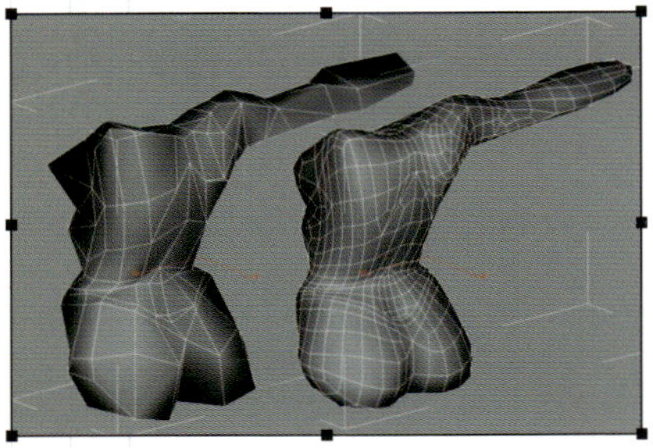

J'utilise très souvent le déplacement de vertex en mode local pour modeler les muscles de mes personnages. Par exemple, sélectionnez un vertex au milieu d'une zone que vous désirez travailler (épaule, biceps....) et utilisez l'option de Soft sélection pour déterminer la zone qui sera affectée par votre manipulation. Ensuite, bougez votre vertex en mode local en suivant l'axe Z : vous constaterez que la zone de sélection gonflera comme une bulle autour de votre vertex, ou produira l'effet inverse si vous déplacez votre vertex dans l'autre sens.

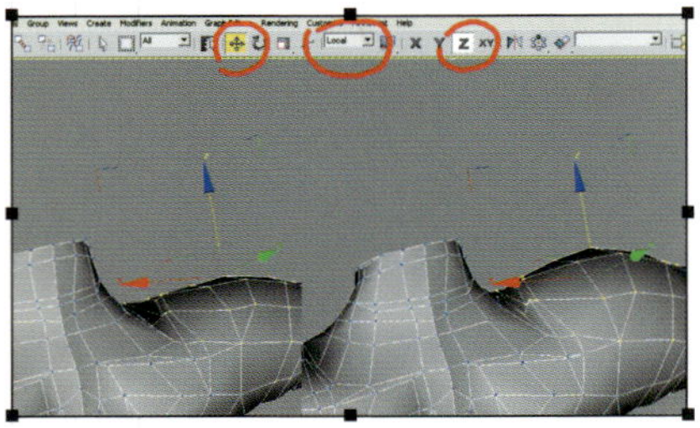

Les modificateurs de boîte de déformations (FFD) constituent aussi un outil très puissant que j'utilise surtout en fin de réalisation pour m'aider à redéfinir les proportions générales de mon personnage, ou seulement d'une partie de son anatomie, toujours grâce à une sélection dégradée de vertex. Cela me permet aussi de faire quelques essais rapides pour changer radicalement l'anatomie générale et rééquilibrer les proportions d'ensemble.

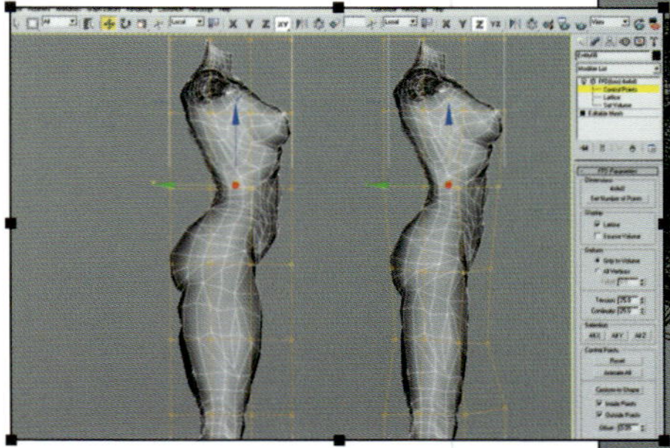

Il ne faut surtout pas hésiter à faire des tentatives, car n'oubliez pas que c'est l'un des points forts du travail sur ordinateur que de pouvoir à tout moment revenir à l'étape précédente.

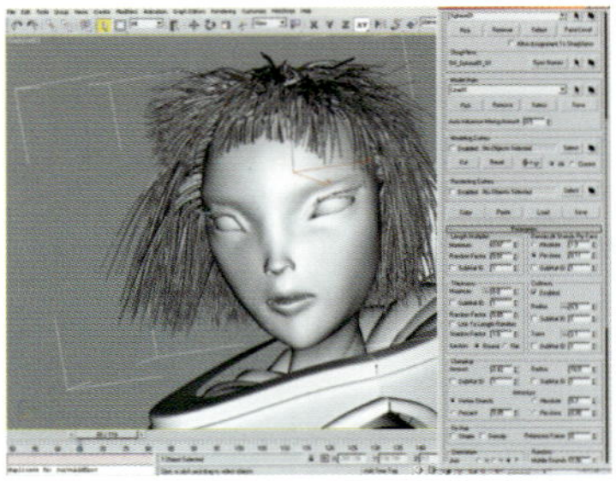

Pour créer les cheveux, je me suis servi de l'extension Shag hair, un outil très performant, un peu rébarbatif au premier abord avec tous ses boutons et ses options, mais très efficace à l'usage. J'ai créé une « calotte » en polygones pour définir la zone de distribution des cheveux, puis après plusieurs réglages et tests, j'ai réussi à obtenir un résultat très proche de ce que je souhaitais. ■

La modélisation de l'équipement de mon personnage m'a pris moins de temps et d'efforts. Ce sont principalement des formes primitives de 3ds max, telles que des cylindres de capsules et des sphères que j'ai légèrement retravaillées et emboîtées les unes dans les autres. Les tuyaux et les tubes qui relient le casque au mécanisme dorsal sont de simples lignes vectorielles que j'ai rendues solides grâce à l'une des options des outils de l'éditeur de courbes (edit spline). On peut ainsi gérer l'épaisseur de la ligne et définir le nombre de faces désiré le long de la courbe ou du diamètre. N'oubliez pas de cliquer sur l'option de coordonnées de texture pour paramétrer le nombre de fois où la texture sera réutilisée le long du tuyau.

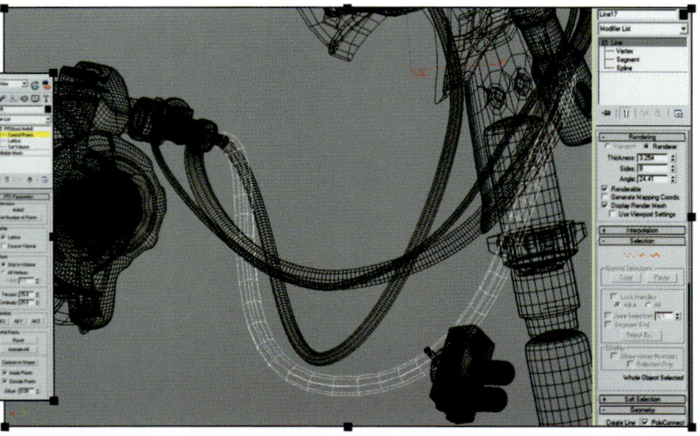

Étape 3

Coordonnées de textures

Pour ce personnage, je souhaitais réaliser des textures très précises au niveau des coudes, des genoux et du bassin. J'ai donc fait appel à plusieurs types de mapping, appliqués séparément sur les différentes parties du corps. Pour ce faire, la méthode la plus simple est encore de créer différents groupes de faces et de leur attribuer à chacun un groupe ID (ce qui permettra au programme de reconnaître chaque groupe et de leur attribuer des coordonnées de textures ou des matériaux différents).

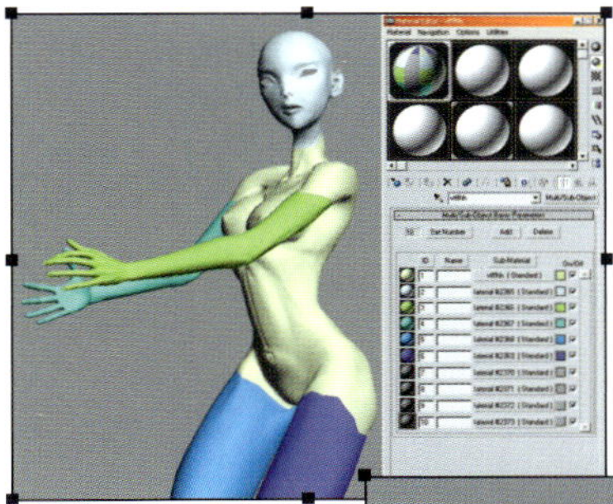

L'étape suivante consiste à appliquer à ce groupe un type de mapping propre, comme un UV cylindrique par exemple (très pratique, car il fait le tour de la zone sélectionnée), et ce pour toutes les parties du modèle : jambes, bras, buste et tête. Une fois vos coordonnées de textures prêtes, n'oubliez pas d'écraser la pile de modificateurs de votre mesh, pour que votre travail soit le plus propre possible. Il faut donc vous assurer que vos coordonnées de textures sont bien placées, car ensuite vous ne pourrez plus revenir en arrière… Une bonne astuce est de faire un test avec une texture simple, tel un échiquier, pour vous donner un aperçu plus parlant de votre mapping.

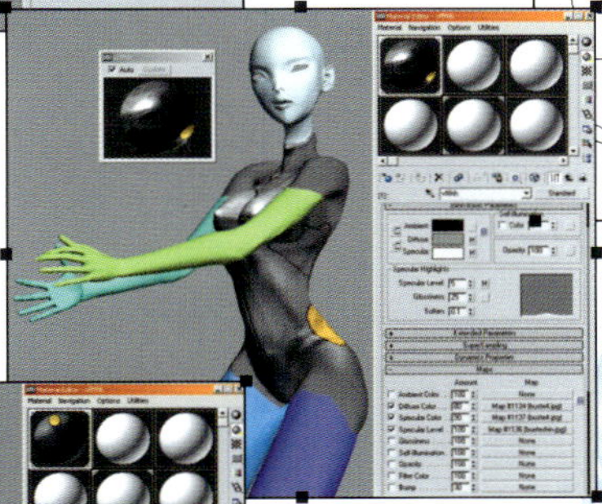

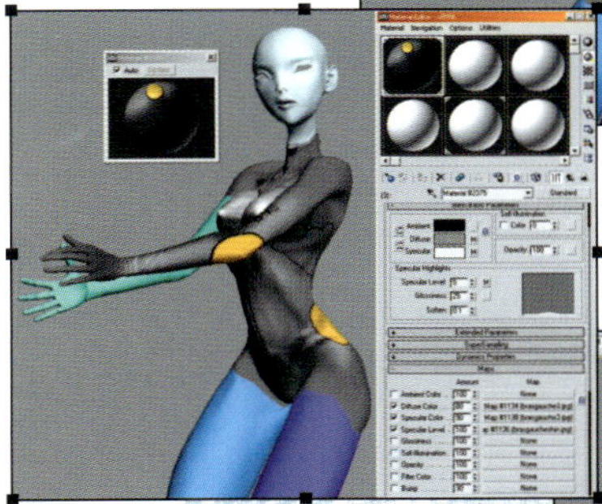

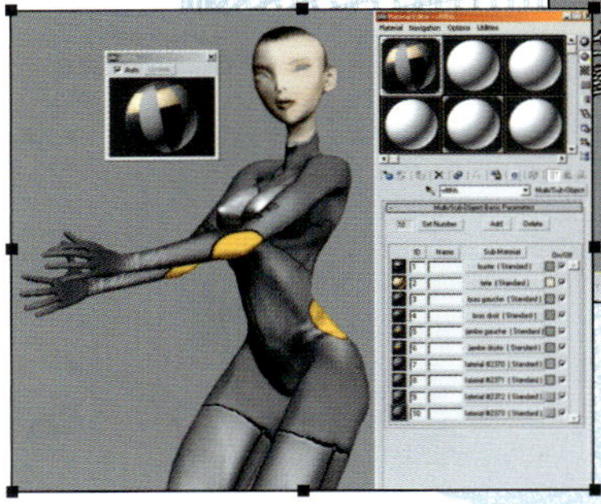

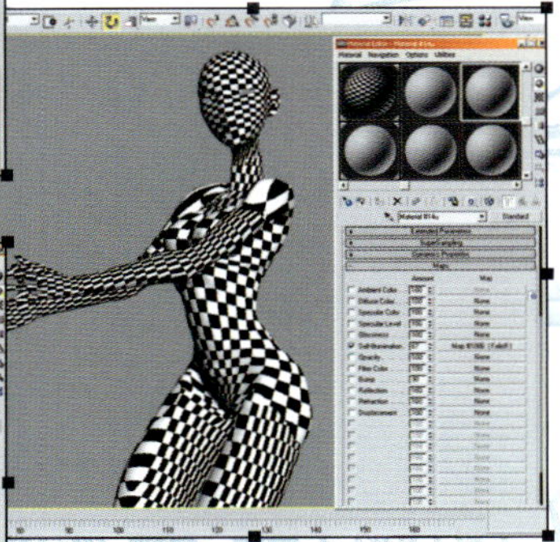

J'utilise ensuite un outil appelé Texture Unvrap, qui me permet d'obtenir une visualisation en image simple de mes coordonnées de textures. Je crée autant d'images de référence que j'ai de coordonnées de textures. Si possible, faites vos textures en grand format, car c'est toujours plus simple pour travailler les détails ensuite…

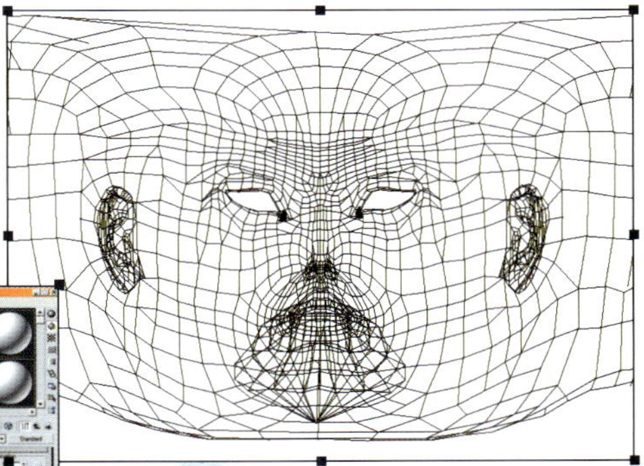

Étape 4

Création des textures sous Photoshop

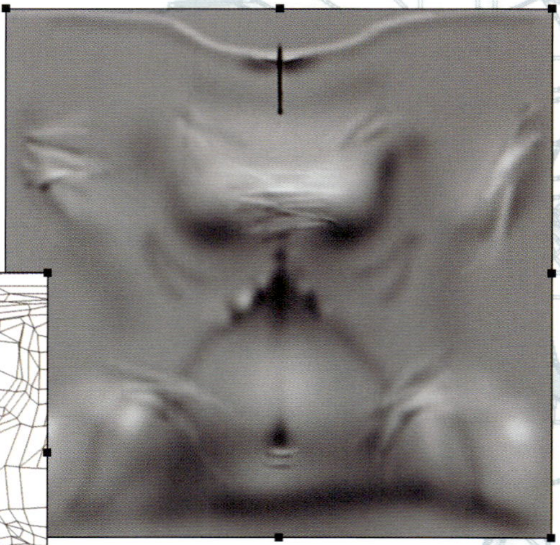

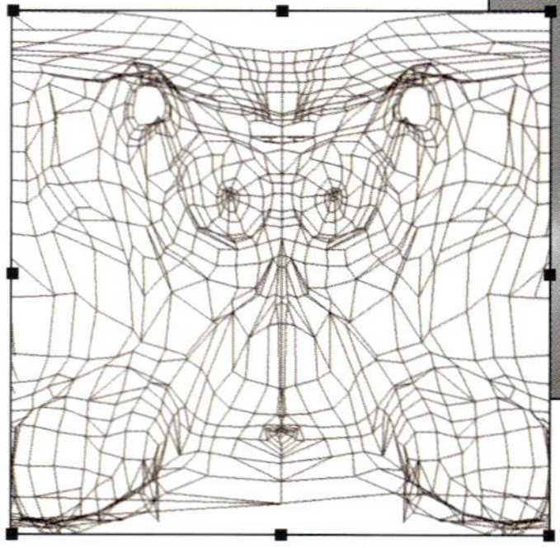

En utilisant en layer transparent la référence Unwrap de mon personnage, je commence toujours par dessiner les volumes et les masses de ma texture. Ici, en l'occurrence, je me suis attaché à simuler les plis de la combinaison. Après avoir appliqué une couleur unie sur tout l'ensemble, j'ai fait appel à l'outil Dodge/burn de Photoshop, qui permet d'éclaircir ou d'assombrir une teinte déjà existante.

Cette première phase terminée, je m'attache ensuite aux détails, simule les reflets du costume et affine les formes. Sur un autre layer, en transparence, je réalise les motifs de jointure et les protections qui donneront à ma combinaison un aspect plus high-tech. Puis je rajoute un effet de bruit en monochrome pour donner du grain à l'image, et rehausse un peu le contraste de l'ensemble. Je sélectionne ensuite une teinte représentative de la palette générale de ma texture (un gris moyen), que j'applique avec l'aérographe sur tous les bords extérieurs de ma texture, afin de prévenir des éventuels problèmes de jonction entre les différentes parties du personnage.

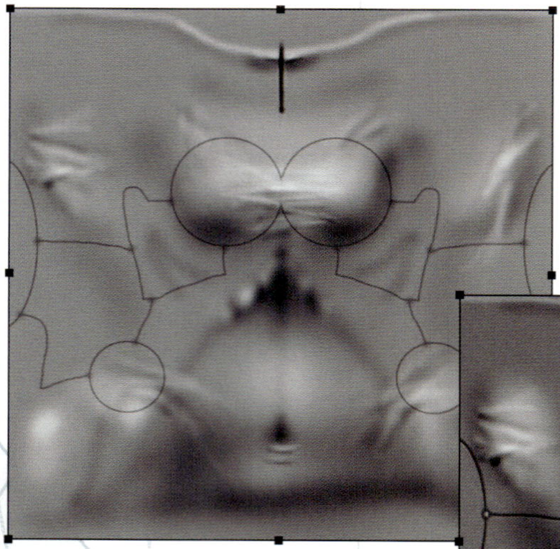

Je procède ensuite de même pour chaque autre texture. La création des textures est peut-être l'étape la plus longue et plus la fastidieuse à mes yeux ; d'ailleurs, je n'y attache pas toujours l'importance que je devrais, mais c'est aussi un parti pris... Le mariage entre un modèle 3D précis et des textures simples, faites à la main,

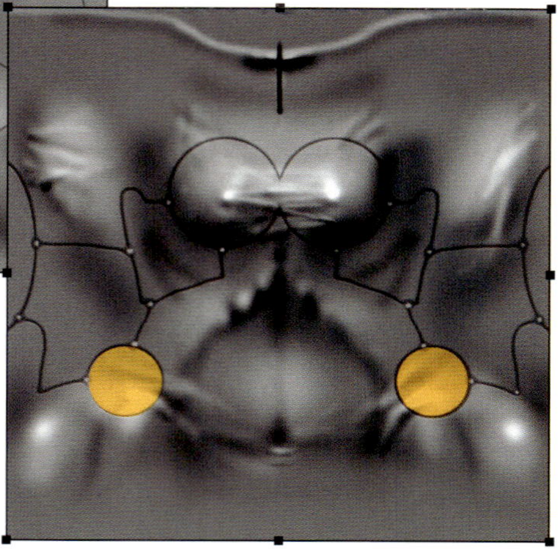

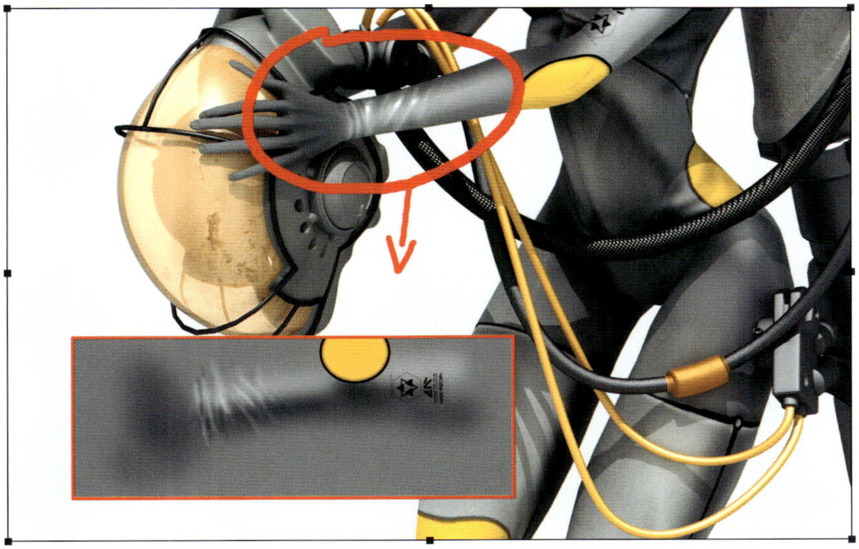

À noter que pour l'application des textures, 3ds max propose une option de flouté (Blur) d'image à 1.0 pour éviter les effets de moirage, alors qu'une valeur entre 0.3 et 0.5 est tout à fait acceptable. De même, pour la méthode d'application de textures, préférez un Summed Area à un Pyramidal : vous éviterez ainsi quelques étirements non désirables lors du rendu de l'image.

ajoute au côté illustratif de mes travaux. Je n'essaie jamais de tendre vers l'hyperréalisme, je préfère souvent essayer de souligner mon modèle avec des textures, en y ajoutant les détails que je n'ai pu réaliser en 3D. Dans ce cas précis, j'ai préféré travailler les effets de plis de la combinaison dans les textures plutôt que sur le modelé. Au final, on ne fait quasiment pas la différence !

Les matériaux

C'est probablement une étape aussi importante que la création des textures elle-même. Dans ce domaine, la philosophie de 3ds max se démarque de ses concurrents. Les textures placées dans la case Diffuse notamment, ne se comportent pas vraiment de manière réaliste. Pour faire simple, disons que plus le pourcentage de votre texture Diffuse est élevé, moins votre matériau réagira à la lumière. Sachant cela, si vous voulez créer un effet de métal rouillé par exemple, mettez plutôt vos textures dans la case Specular Color, Specular Level et très peu en diffus. Vous pouvez aussi réutiliser vos textures Diffuse pour arriver à ce résultat, mais il est toujours plus intéressant de créer des variantes de vos textures sous Photoshop en vue d'obtenir des effets plus subtils.

En règle générale donc, veillez à ne pas laisser la valeur du Diffuse à 100 % : essayez de prendre des valeurs moins élevées, entre 60 et 80 % par exemple pour permettre à la lumière de mieux accrocher votre modèle. Il existe d'ailleurs une règle, à suivre si on le désire, qui stipule que plus votre matériel est affecté par la lumière, comme dans le cas du métal, plus la valeur de votre texture Diffuse doit être faible (20 à 30 %), et qu'à l'opposé, des matériaux comme le bois ou le papier peuvent avoir une valeur de diffus forte. Notez bien que dans tous les cas, le programme ira chercher la valeur de diffus manquante dans la couleur de diffus. Par conséquent, n'oubliez surtout pas de régler cette couleur dans les teintes correspondant à la couleur générale de votre texture. Faites quelques essais pour mieux comprendre l'astuce.

Par défaut, les paramètres de (matériaux **de 3ds max ne sont pas transcendants et finalement peu de personnes** *prennent le temps d'y regarder de plus près.*

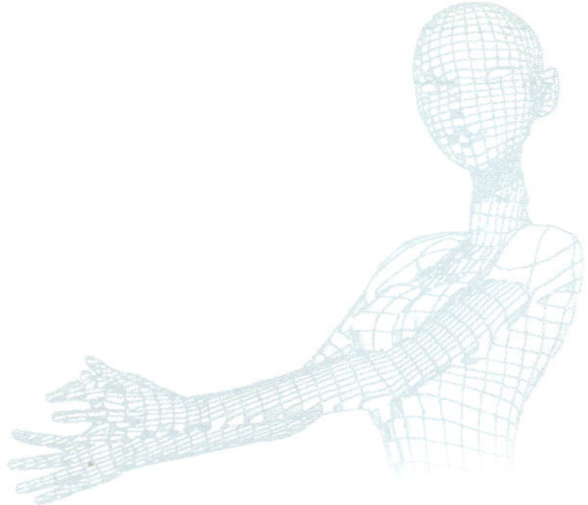

Étape 5

Mise en scène et rendu

Une fois le modèle fini, je crée grâce à l'option Biped un squelette que j'attribue à mon personnage pour pouvoir le déformer et le mettre en situation.

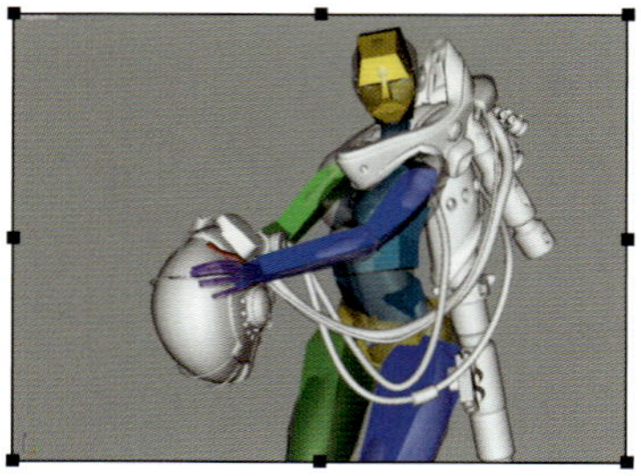

Pour que le *skinning* soit propre, assurez-vous que les jointures de votre squelette coïncident parfaitement avec celles de votre personnage. Là aussi, quelques références anatomiques ne seront pas de trop. Essayez de positionner au mieux les axes de rotation en pensant à la déformation qu'elle produira. L'axe des hanches, par exemple, doit se situer le plus à l'extérieur possible de l'enveloppe, afin de pouvoir simuler la présence du bassin. L'une des options très pratiques de la nouvelle version du modificateur Physique est la possibilité de paramétrer la façon dont les différents segments du squelette affectent l'enveloppe. On peut ainsi désormais définir des angles aigus (pour les phalanges, coudes et genoux) et réajuster les proportions musculaires. Ensuite, tout le travail consiste à déterminer un bon équilibre graphique entre le rythme des lignes principales de la pose, la lisibilité des éléments importants du personnage, et l'aspect général de sa silhouette.

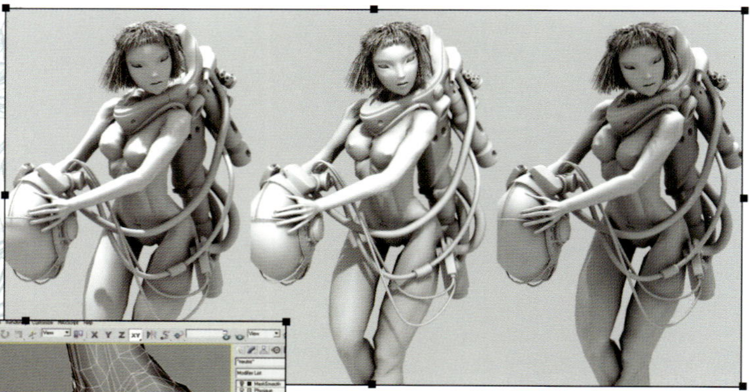

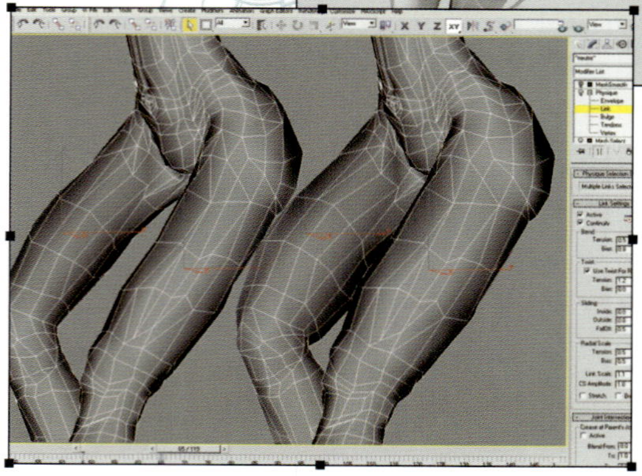

À ce stade, il m'arrive souvent de retoucher légèrement la pose de mon personnage pour mieux cadrer avec l'angle de la caméra. J'affine constamment la composition finale en ajustant la caméra d'un côté, et la silhouette du modèle de l'autre. Quand tout me semble en place, je fais un snapshot du maillage de mon personnage. Cette option de 3ds max permet de créer un clone de l'objet dans la pose donnée, et d'obtenir un éditable mesh propre sans plus aucun modificateur dans la pile. Je peux ainsi facilement me concentrer sur un peu de modélisation et affiner ou effacer les petites imperfections visibles, comme des plis disgracieux au niveau des jointures...

Pour l'éclairage, je me contente souvent d'un modèle simple, telles une lumière directionnelle placée à la verticale de l'objet et une illumination globale autour du sujet. Je procède toujours à plusieurs tests avec une texture en gris pour mieux me focaliser sur l'accroche de la lumière.

Évitez les éclairages trop intenses ou alors utilisez-les à dessein pour faire ressortir le contour de la silhouette de votre personnage (cas d'un effet de back light). J'utilise généralement des moteurs de rendu additionnels comme Arnold ou Vray qui améliorent encore un peu la qualité du rendu. 3ds max 5 permet enfin une approche plus photoréaliste de cette phase importante du travail, grâce à des lumières physiquement plus correctes, et à la possibilité de travailler en mode SoftShadow (ombres s'adoucissant avec la distance).

Étape 6

La retouche

Il s'agit d'une étape très importante dans la réalisation de mes illustrations. De manière générale, il faut toujours garder en tête ce que l'on souhaite montrer dans l'image, et donc essayer d'effacer ou de rendre moins accrocheur ce qui en parasite la lecture. On retrouve trop souvent cette erreur (à mon sens) chez les infographistes 3D qui, parce qu'ils sont contents de leur création, mettent des lumières un peu partout pour être certains que l'on ne manquera pas les détails.

Pour le module dorsal de mon modèle, j'ai eu envie de lui donner une allure générale un peu plus complexe encore, en dessinant quelques câbles supplémentaires.
J'en ai profité aussi pour reboucher les trous qui lui donnaient une silhouette un peu trop aléatoire à mon goût. J'ai ensuite volontairement fondu toute la zone des câbles et des appareillages afin de laisser la composition suggérer les formes plutôt que de les montrer.

Sur cette image, je me suis contenté de créer un fond à partir d'une simple photographie de mur trouvée sur Internet. Je l'ai ensuite retouchée, désaturée et teintée pour l'ajuster à l'ambiance générale de l'image, en rendant ce fond moins présent. L'ombre aide aussi à l'intégration du mur avec le sujet. Il s'agit ici d'un layer travaillé à partir de la silhouette du modèle, légèrement flouté et appliqué en transparence.

Je procède de même pour toute la composition de mon image, en utilisant pour cela l'effet d'éclairage de Photoshop. Cet outil permet de simuler très efficacement des sources de lumières, de créer ainsi des dégradés subtils d'ombres et de lumières sur l'ensemble de l'image, mais aussi de donner généralement un fini qui se rapproche plus d'une peinture que d'un simple rendu 3D. L'important, là encore, est de savoir mettre en évidence une seule partie du dessin et de fondre dans l'ombre ce qui peut paraître superflu dans la composition finale.

Je profite aussi de cette étape pour effacer toutes les petites erreurs que j'aurais pu laisser passer dans la phase de modélisation : tuyaux mal connectés, cheveux mal implantés... Il ne me reste plus qu'à recalibrer la balance des couleurs, ajuster les niveaux, et voilà ! ■

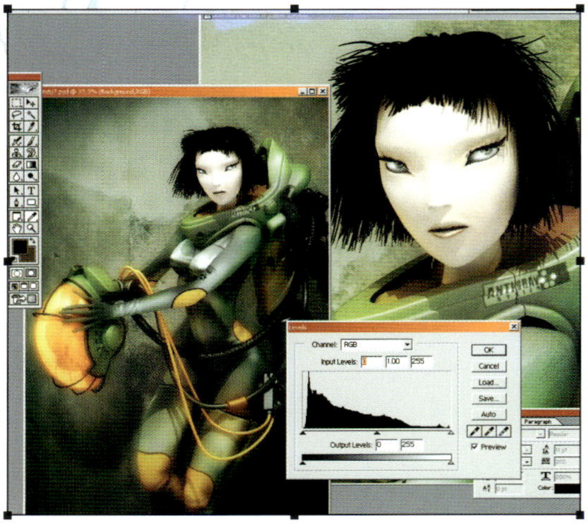

Blue Collar est l'un des thèmes du concours mensuel proposé par le webmestre de www.3dluvr.com, Pedja Ljubomirovic. Il fallait représenter les conditions de travail des ouvriers de 1930, ce qui sous-entendait l'exploitation de la classe ouvrière de l'époque. Cette image réalisée avec 3ds max a remporté le premier prix de ce concours.

atelier 03

JEAN-SÉBASTIEN **HODDÉ**

Matériel utilisé

- Dual PIII 500 MHz - 512 Mo de RAM
- Tablette graphique Wacom Intuos 2 A4

Logiciels utilisés

- 3ds max 4
- Brazil Renderer
- Photoshop 6

Blue Collar 1928

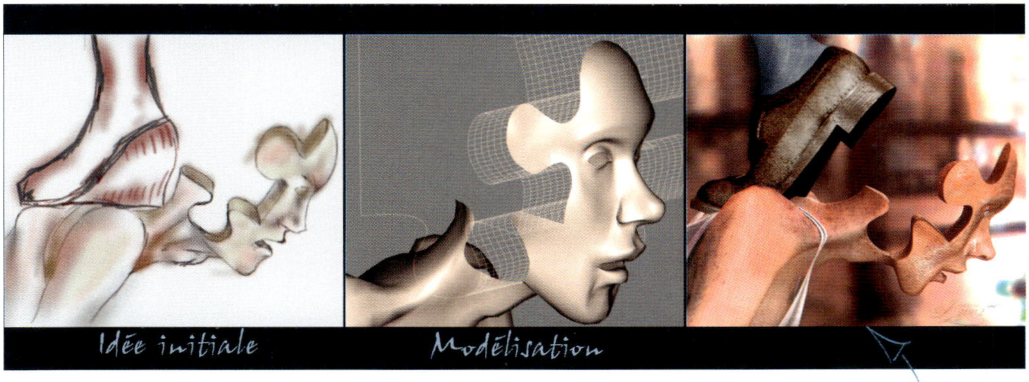

Image finale

Les conditions des concours 3dluvr sont strictes : une fois le thème *Blue Collar* dévoilé, je disposais personnellement d'une petite semaine pour réaliser ma contribution. Avec un délai aussi court il était exclu de réaliser un personnage entier, ni même des cheveux, des mains et des oreilles. L'idée du « puzzle » vient donc du fait que je ne voulais pas réaliser la chevelure ni les oreilles. Elle amplifie par ailleurs l'aspect « diminué » de ce personnage et tout simplement souligne l'idée qu'on l'empêche de penser. Cet atelier retrace l'organisation des sept jours que j'ai mis à profit pour obtenir l'image finale.

Il de faut jamais (négliger l'idée que vous souhaitez soulever.
Sans elle, l'image de synthèse n'est qu'une accumulation de techniques mathématiques...

Étape 1

La recherche de l'idée

Cette étape détermine la réussite du projet entier. Il s'agit de faire abstraction de la technique informatique pour faire place à la dimension artistique, sur papier. À cet instant, je ne sais pas encore si je vais mener mon projet jusqu'au bout : le but étant de « gagner le concours », tant que je ne trouve pas une idée artistique qui émeuve ou choque, je continue ma recherche pour sortir des sentiers battus.
Je m'impose donc des directives pour orienter ma réflexion et respecter le thème du concours :

- ces personnes perdent leur dignité
- elles subissent une pression importante
- elles sont en bas de la hiérarchie
- elles supportent la société
  (c'est la classe sociale décrite par Émile Zola).

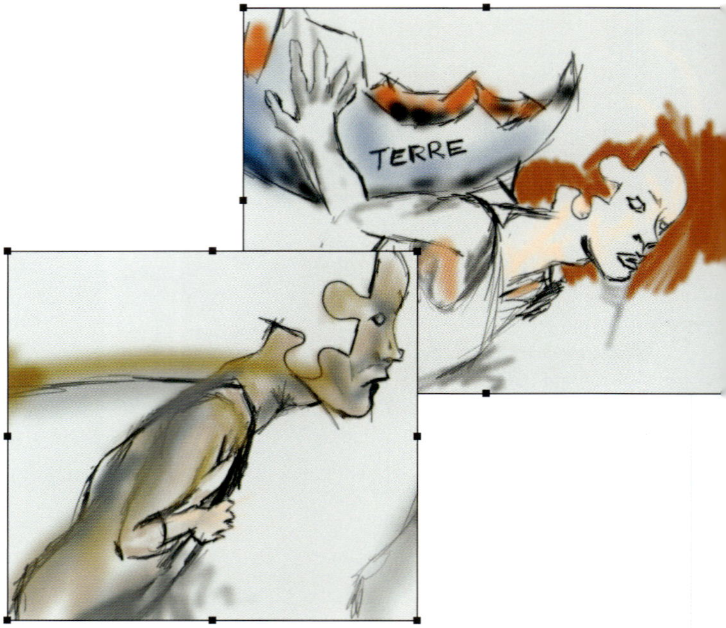

Après réflexion, je désire créer un personnage humain, en plein travail, qui courbe l'échine ; j'ai enfin trouvé ma ligne directrice et il me reste maintenant à la mettre en scène.

Cet instant est (important, il va déterminer *la direction et la durée des étapes suivantes.*

L'idée intéressante naît tout de suite du refus de modéliser des cheveux et des oreilles ; je suis en train d'imaginer la troncature d'une tête pure et simple. C'est une bonne représentation du « lavage de cerveau ». Je cherche donc comment améliorer le projet en me basant sur le concept du puzzle. L'idée me plaît, c'est le déclic qui me donne envie d'aller jusqu'au bout de ce projet.

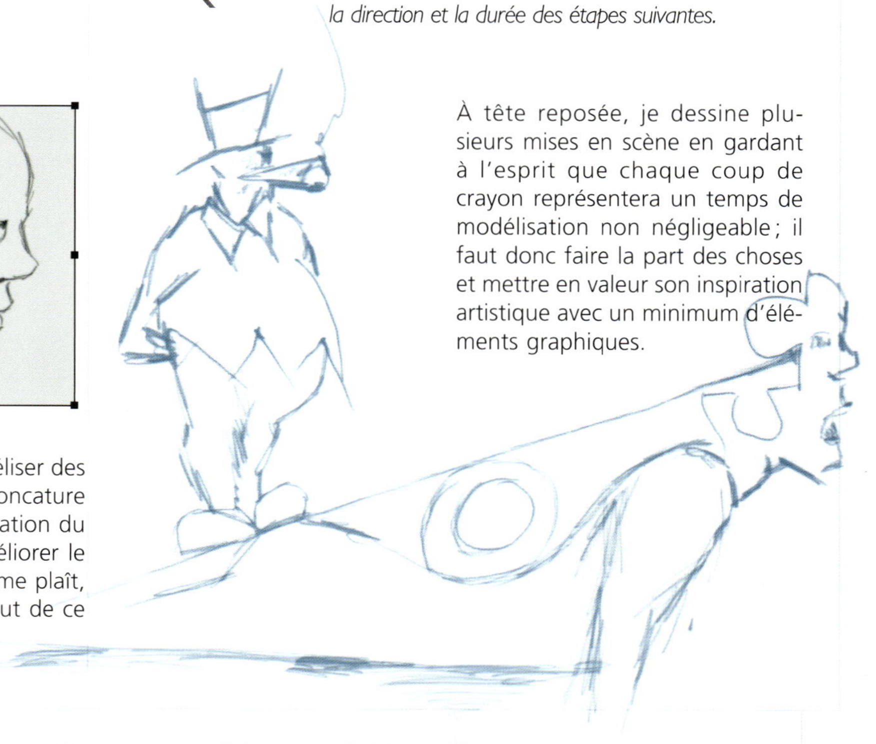

À tête reposée, je dessine plusieurs mises en scène en gardant à l'esprit que chaque coup de crayon représentera un temps de modélisation non négligeable ; il faut donc faire la part des choses et mettre en valeur son inspiration artistique avec un minimum d'éléments graphiques.

Étape 1

Des essais précédents, je conserve l'idée d'un personnage qui se fait écraser et dominer par son employeur, qui n'a pas d'autre issue que de se soumettre. J'aime aussi beaucoup la mise en scène où la planète repose sur les épaules du personnage. Non seulement la notion de servitude y est très marquée, mais cette Terre qui s'effrite comme une coquille d'œuf est un symbole intéressant de stabilité toute relative… Dans tous ces essais, la classe sociale incarnée par le personnage prend son sens : la société repose sur lui.

Je souhaite insister sur l'importance des croquis, même non réfléchis ou non réalistes. Je ne prétends pas être un dessinateur, mais je puise beaucoup d'inspiration en crayonnant de premières esquisses, même imparfaites. Cela permet de libérer sa créativité et d'avancer pas à pas en enrichissant les dessins successifs… J'y passe le temps nécessaire avant d'aller plus loin, car je privilégie beaucoup l'idée à faire passer ; deux jours entiers auront été nécessaires pour cette étape de recherche.

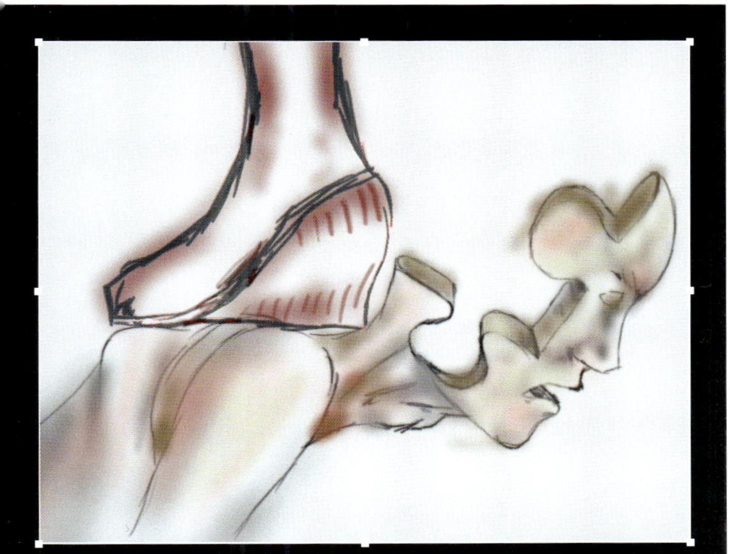

Croquis final

La disposition du croquis final est importante ; même si l'image de synthèse ne ressemblera pas vraiment au dessin actuel, l'idée soulevée restera identique. Au dernier moment, par exemple, je peux choisir de ne pas mettre une chaussure de femme car l'époque s'y prête peu. Le monde ouvrier est rude et cette chaussure féminine n'est peut-être pas représentative de l'époque ; je pencherai peut-être pour une chaussure masculine en cours de route.

C'est finalement la quatrième illustration, enrichie des idées précédentes, qui s'approche le plus de ce que je désire réaliser puisqu'elle représente tout à la fois la servitude, la discipline et le désespoir, et, à travers la faiblesse du personnage, l'extinction prématurée annoncée de chaque personne.

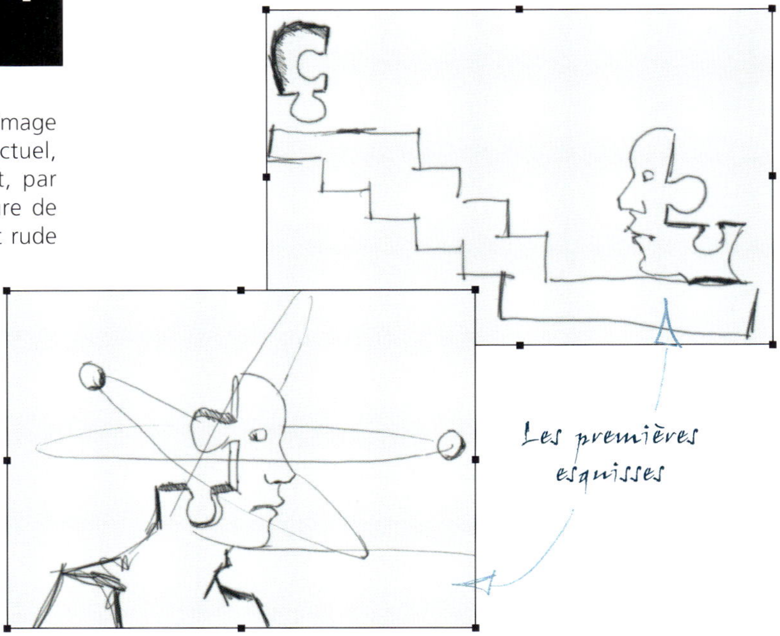

Les premières esquisses

Étape 2

Sculpture des éléments

La modélisation de la scène en elle-même n'est ni longue ni difficile. Mon croquis en tête, je commence la création des splines directrices qui vont servir à soutenir tout un réseau de splines, de façon à former une « toile » de quadrangles, voire de triangles. À chaque intersection de lignes se trouve un vertex, en mode Smooth de préférence car il supprime toutes les poignées de tangences sur une spline qui se lisse automatiquement ; le résultat est bien plus beau si tous les points sont équidistants les uns des autres.

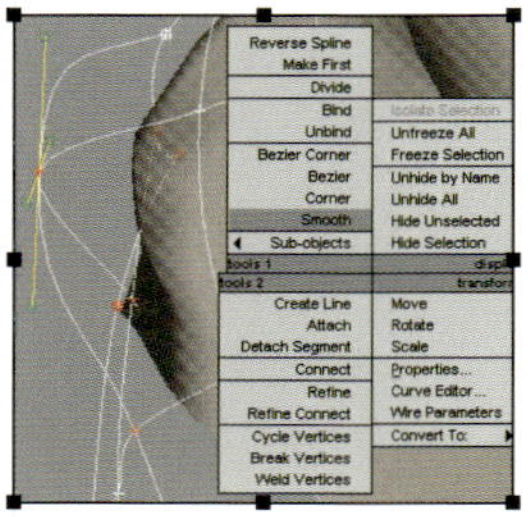

J'applique sur cette cage de splines le modificateur Surface. Je ne réalise qu'une moitié de personnage, l'autre partie étant obtenue par une simple symétrie axiale ; en effet, le trucage ne sera que très peu visible sur le cadrage final.

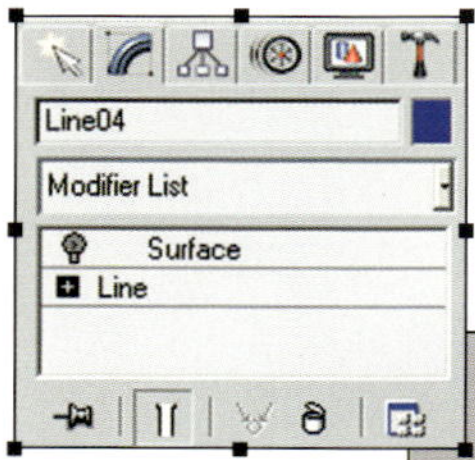

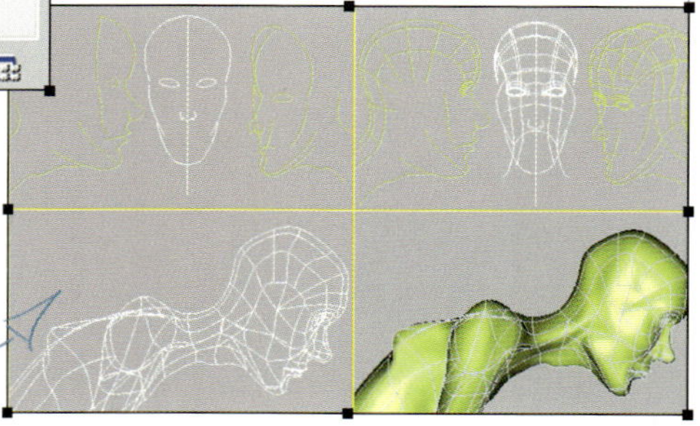

Le modificateur Surface

Artistiquement, je désire mettre en valeur la faiblesse du personnage et son aspect malnutri (santé précaire). Il suffit pour cela de déplacer certaines splines afin d'accentuer son aspect rachitique, de mettre en valeur un des tendons du cou, la maigreur excessive des bras et les joues creusées. Les omoplates sont légèrement déboîtées pour souligner l'importance de la masse que le personnage porte sur le dos, prenant appui sur les bras.

Le personnage a été dessiné avec un débardeur ; je conserve cette idée simple à réaliser. Le vêtement doit coller à la peau tout en pendant légèrement, car le travailleur est penché en avant.

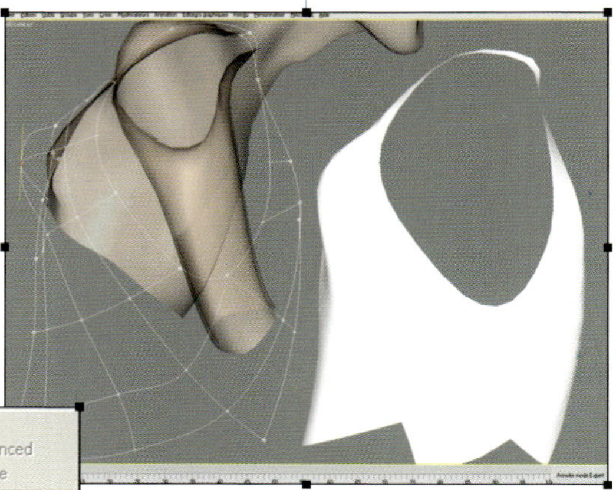

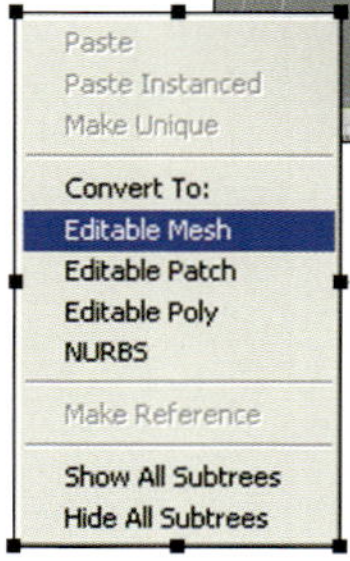

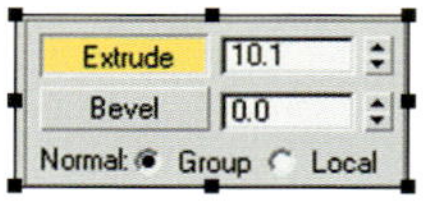

J'utilise la même technique de modélisation que pour le personnage, à savoir une seconde cage de splines (l'illustration représente le tissu lui-même). Une fois l'enveloppe terminée, je convertis l'objet en maillage éditable et je réalise les finitions du débardeur en extrudant les bords du tee-shirt pour qu'ils soient plus épais.

Il est nécessaire d'appliquer le modificateur MeshSmooth aux extrémités du tee-shirt pour que les bords apparaissent lissés lors du rendu final.

Étape 2

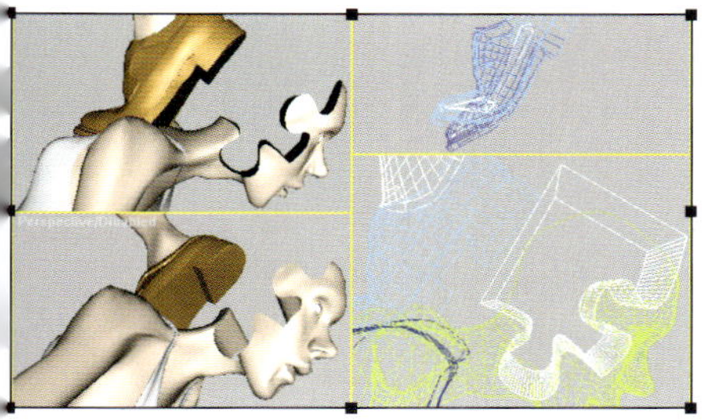

La chaussure symbolise le joug de la classe dominante. Elle écrase concrètement le personnage qui n'a d'autres possibilités que d'avoir la tête baissée. Je souhaitais obtenir une chaussure disproportionnée pour montrer l'énormité du phénomène, mais cela aurait été trop caricatural. Je modélise finalement une chaussure assez simple, mais distinguée et propre (contraste vestimentaire avec la chaussette). Je la déforme légèrement à l'aide de deux *bones* (os) ; à chaque bone est assigné une enveloppe, ce qui permet de contrôler la déformation de la chaussure.

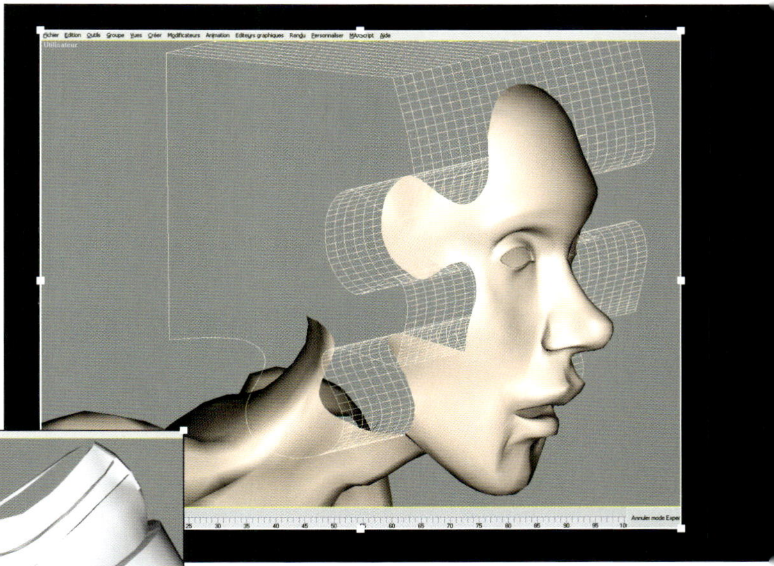

On peut apercevoir ici une enveloppe qui englobe le bout de la chaussure. La couleur rouge est prédominante, puis un éventail de couleurs apparaît ; c'est la zone d'action de l'enveloppe : plus on s'éloigne du rouge, moins l'enveloppe est active, moins elle déformera le maillage qui lui est assigné.

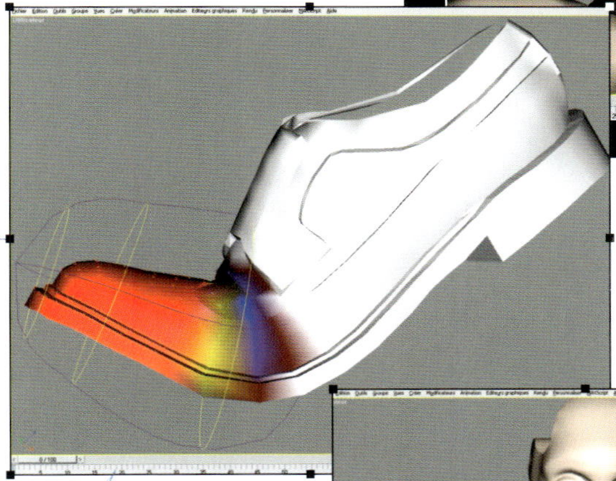

Zone d'action de l'enveloppe

Je réalise maintenant que j'aurais pu ajouter un biseau léger sur le pourtour de la découpe…

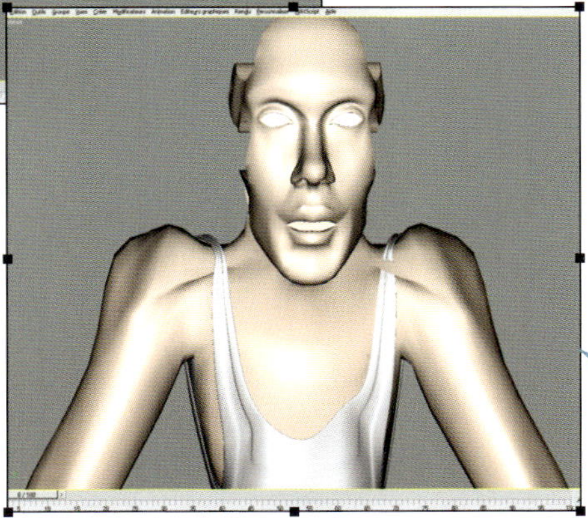

Afin de conclure cette étape de modélisation, je mets un point d'honneur à montrer l'imperfection de mon travail dans un cadrage différent de celui que j'ai retenu pour l'image finale.

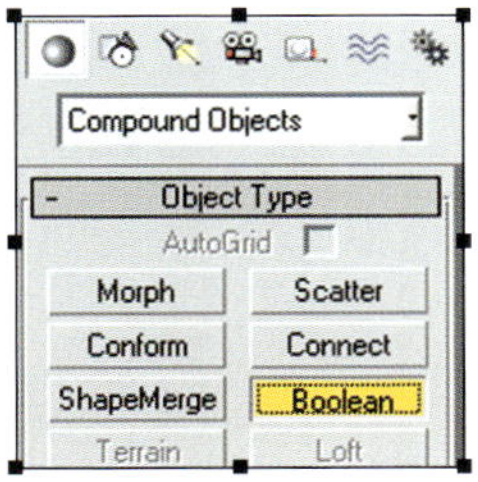

La suppression de matière pour la tête est simple et doit être bien faite. J'utilise un vrai morceau de puzzle pour tracer le contour. Je souhaite obtenir les mêmes protubérances que celles du morceau, bien placées sur le cerveau.

L'opération booléenne devrait être assez aisée mais 3ds max n'est pas l'outil adéquat et gère mal ce procédé. Je suis ainsi obligé de tout ressouder manuellement en recréant un à un les polygones manquants.

Ces défauts de proportions ne sont pas dus à un manque d'expérience. Il faut comprendre que ce travail est destiné à être regardé sous un seul angle. Je n'optimise donc pas les proportions de l'objet au cadrage que l'on peut apercevoir. Cet ouvrage n'est pas réalisé non plus à des fins d'animations, mais a été adapté aux sept jours « impartis » pour mener à bien ma contribution au concours. Ce travail de modélisation m'aura pris une journée.

Étape 3

Le mapping

Le travail des textures de cette étape de création des matières, qui a duré deux jours, est plus complexe que la modélisation. Il s'agit de plaquer des images plates sur des objets non plats. En cartographie, un planisphère est un plan qui provient d'une sphère ; une opération de « dépliage » est donc nécessaire, par exemple pour transformer une sphère en rectangle.

Voici une astuce afin d'éviter au maximum les zones d'overlap : ce phénomène intervient lorsque l'objet est trop complexe à déplier (c'est le cas pour les polygones de la narine, ils se superposent avec ceux de la joue). Pour éviter ces défauts d'étirements, j'applique le modificateur Relax qui va uniformiser le maillage et le rendre plus arrondi. Je le déplie donc, puis je retrouve ultérieurement la forme initiale à l'aide d'une opération de morphing. Les coordonnées UV se trouvent inchangées et on a évité les quelques défauts d'étirements du nez et des lèvres.

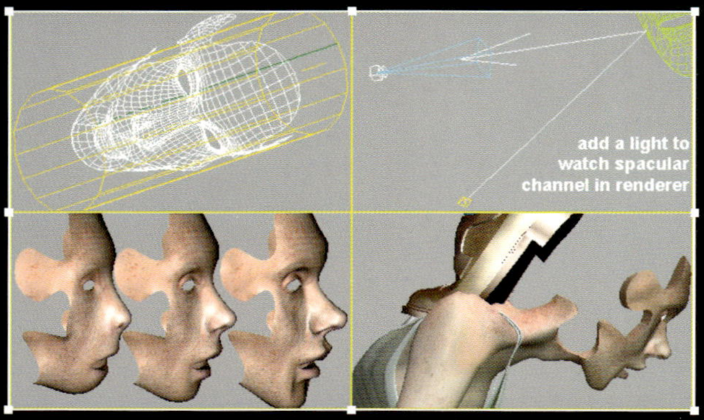

Le modificateur UVWmap

Il faut en premier lieu assigner des coordonnées de mapping aux objets de la scène. Pour cela, on utilise le modificateur UVWmap. C'est l'enveloppe jaune qu'on adapte le mieux possible autour du visage.

Je réalise ensuite une opération de dépliage à l'aide du modificateur Unwrap. Le maillage se trouve déplié à la manière d'un planisphère, comme si j'avais aplati la tête avec un fer à repasser.

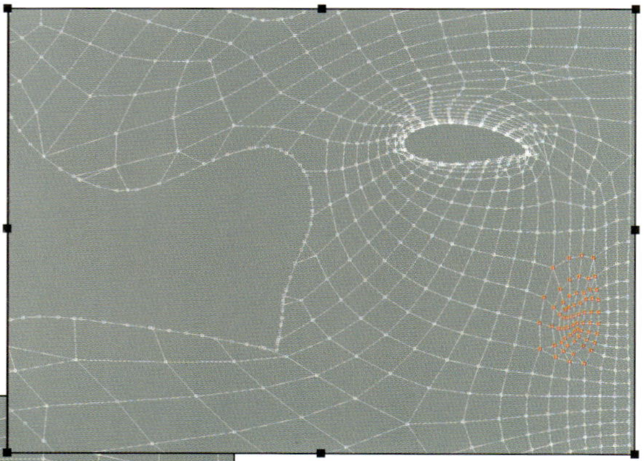

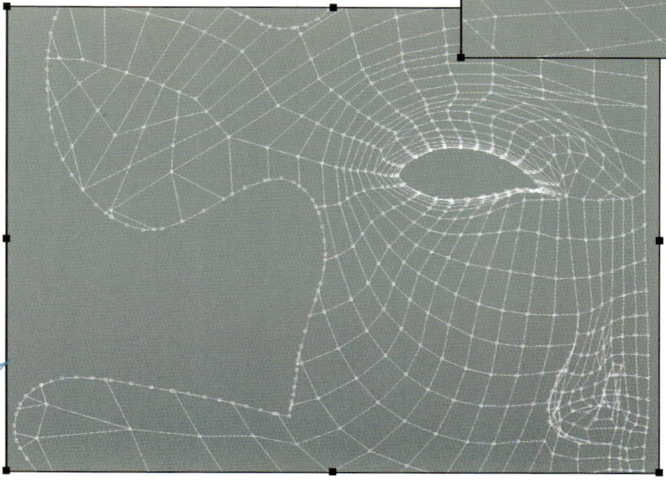

Opération de dépliage

On peut constater que les polygones sont disposés de façon plus régulière ; c'est flagrant au niveau du nez (les sommets sont en rouge) et c'est exploitable dans un logiciel 2D de type Painter. Les autres parties de l'objet sont mappées de la même manière.

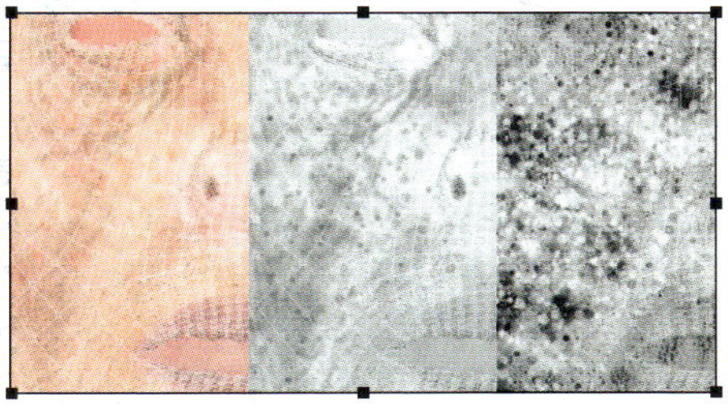

Les textures

La texture du visage a été réalisée avec Photoshop à l'aide des *wireframes* comme guides pour orienter le dessin.

Avec une tablette graphique, je réalise les premières nuances de couleurs aux endroits stratégiques puis j'affine. Ensuite, je réalise de nombreuses taches de différents diamètres et d'intensités distinctes; c'est cette opération qui crée le réalisme. J'ajoute également de la pilosité au niveau du cou et du visage.

En plus de la couleur principale, deux canaux de textures sont recommandés ; d'une façon subtile, le premier canal sert à donner du relief à la peau tandis que le second apporte des reflets spéculaires. Concrètement, je me sers de ce second canal pour générer les perles de sueur du personnage lors du rendu final (reflets).

Voici respectivement les textures du cou et du bras. Attention à ne pas négliger la qualité de ce travail, le réalisme final dépend directement des textures. Il n'est pas non plus nécessaire d'avoir des textures surdimensionnées, disons que tout dépend de la taille du rendu final et de la qualité du mapping (des étirements générés par celui-ci).

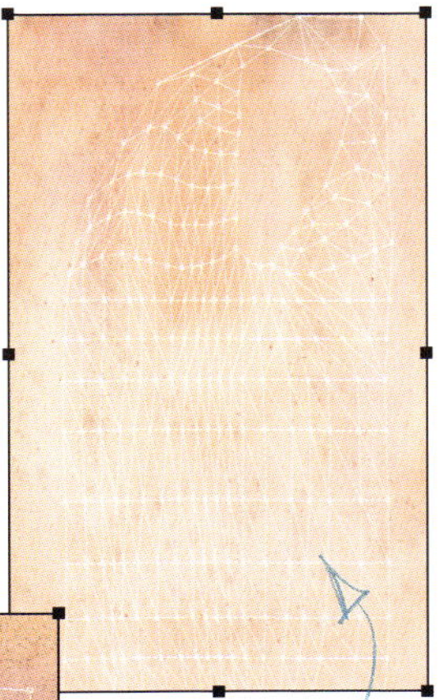

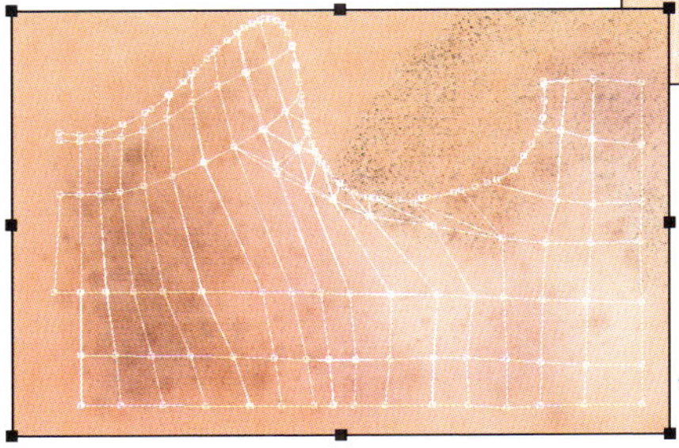

les textures du cou et du bras

Le rendu

J'utilise d'abord le HDRI; c'est une solution d'éclairage développée par Paul Debevec pour obtenir des rendus réalistes. C'est très simple à utiliser, « trop simple » rétorquent certains professionnels habitués à tout faire à la main. Quoi qu'il en soit, le résultat est toujours saisissant quel que soit le background (ces images de fond sont en effet spécifiques, car elles contiennent des informations d'énergie et d'intensité lumineuse en plus de l'image elle-même).

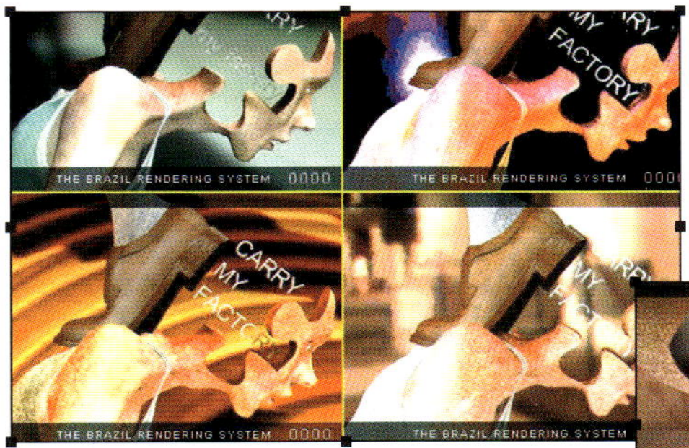

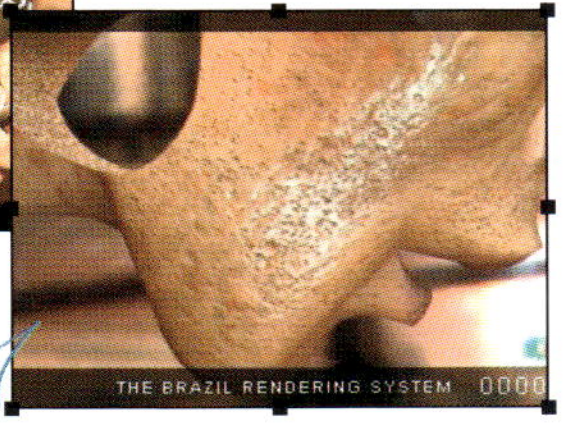

Système de rendu Brazil

J'utilise Brazil (www.splutterfish.com) comme système de rendu; il me permet d'utiliser la technique HDRI (éclairage) associée à l'illumination globale (GI) pour générer des ombres douces. Celles-ci sont cohérentes avec l'éclairage ambiant et des objets de la scène.

Ces options génèrent beaucoup de calculs; la scène est pourtant assez simple, mais les temps de calcul sont exponentiels si l'on veut augmenter la qualité des ombres et des lumières.

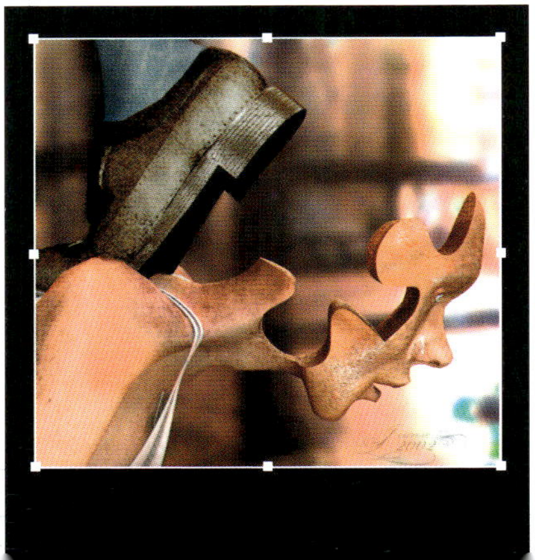

Voici donc le résultat de 7 jours de travail. Je suis arrivé à mon objectif final, et c'est une satisfaction – ainsi que mon classement au concours bien sûr !

Je crois qu'il ne faut pas trop chercher à faire de la 3D pour de la 3D, mais une belle image avant tout. Certes, la technique doit être toujours présente à l'esprit, mais les vraies questions à se poser ne sont pas là : il vaut mieux se documenter, regarder ce qui a été fait en peinture, en graphisme... sans trop se focaliser sur la 3D, qui reste pourtant un outil génial pour matérialiser les univers que l'on a dans la tête !

atelier 04

RAPHAËL **LACOSTE**

Matériel utilisé

- PC 1,4 GHz
- 512 Mo de RAM
- 60 Go de disque dur
- Carte vidéo NVIDIA Ti 4200

Logiciels utilisés

- 3ds max 4.2
- Vray Rendering 1.2
- Photoshop 7

Jujol

Image finale

Cette image est l'étude d'une atmosphère. Après des recherches d'ambiances orientales, j'ai voulu m'attarder sur un style architectural et décoratif que j'apprécie particulièrement, l'Art nouveau. Ici, je me suis librement inspiré d'une cage d'escalier d'un immeuble de Barcelone, dessinée par Jujol, un élève de Gaudí.

Je puise souvent mon inspiration dans la photographie, la peinture réaliste, à condition que cela soit évocateur d'imaginaires ou d'atmosphères. C'est entre autres pour cette raison que j'aime les peintures de Hopper, les photos de lieux abandonnés indissociables de leur passé, bref des images qui donnent place à l'imagination et à la liberté d'interprétation. Cela m'amuse de transposer ces univers en 3D et d'y apporter d'autres éléments comme la couleur, la lumière, puis de survoler le décor et d'y entrer, comme une maquette qui prendrait vie.

Si beaucoup de (graphistes 3D **sont attirés par** *le character design, je suis quant à moi un passionné des décors.*

Étape 1

Le décor doit être traité comme (un personnage :
il a une personnalité, il véhicule une émotion, une histoire

Composition et volumes

Pour moi, le dessin reste une étape indispensable avant de passer à la 3D, car c'est le moyen le plus direct de matérialiser mes idées sans être parasité par une interface et une technique qui pourraient m'éloigner de mes intentions premières. Juste dessiner sur un bout de papier, poser ses lignes principales, que ce soit pour un personnage ou un décor.

Comme en photographie et en peinture, la composition tient beaucoup du cadrage, mais également des volumes. Dans le cas d'une scène 3D, le travail est double car non seulement il faut bien choisir son angle de vue, mais aussi composer habilement un espace pour y représenter les rapports d'échelle, éclairer et assombrir en vue de donner une dynamique à l'image.

Le sujet étant une cage d'escalier avec un ascenseur en bois et en verre, j'ai opté pour une légère contre-plongée (à la manière de certains photographes qui ont déjà traité ce sujet), afin de garder la présence de l'escalier, baigné dans la lumière froide du puits de jour, et de mettre en valeur le point de fuite dessiné par les câbles et l'axe de l'ascenseur. Je décentre ainsi le sujet principal, règle de composition bien connue mais parfois oubliée en 3D, car comme on peut tout montrer sous tous les angles, on néglige quelquefois de faire un choix de cadrage et donc de mise en scène. Le fait de décentrer le sujet principal ne lui retire pas son intérêt, mais permet de l'intégrer dans un ensemble qui le met en valeur.

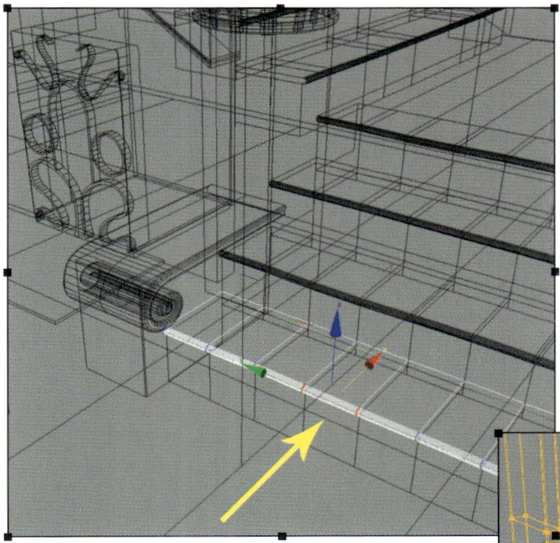

Étape 1

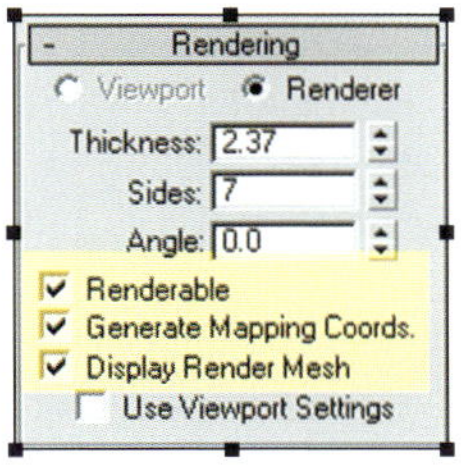

Pour ne pas perdre trop de temps avec les objets lofts, une astuce consiste à utiliser le rendu de courbes, que l'on peut rendre visible en cochant l'option Renderable spline (option de courbes spline), à afficher la géométrie mesh et à écraser la pile. Il est alors possible d'intervenir sur l'objet et de rééditer simplement les points pour modifier localement l'épaisseur. Cela m'a permis de modéliser rapidement mes rambardes : j'ai simplement placé mes courbes, sans me soucier de passer par l'étape d'extrusion de courbe sur un chemin, qui n'est pas toujours fiable quand il s'agit de faire de la ferronnerie ! L'option Generate Mapping Coords est une aubaine supplémentaire puisque cette simple case cochée génère les coordonnées de mapping. Il y a juste quelques réajustements à faire dans l'Unwarp et le tour est joué !

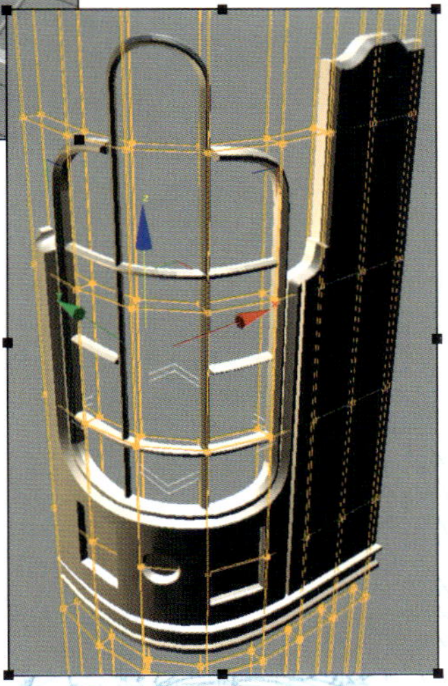

J'estime que pour bien poser les objets sur le sol, il faut assombrir la base des murs et des colonnes, car cela donne une assise et une masse à cette 3D qui, trop parfaite par défaut, se révèle la pire ennemie de l'artiste. Il faut au contraire rechercher l'imperfection : en fait, le plus gros travail du graphiste 3D consiste à détruire cette perfection, à dégrader le *shading* lisse et parfait de la 3D. Une modélisation étant toujours « parfaite », il faut casser les lignes, même subtilement, car ces imperfections seront de toute façon senties au premier coup d'œil. J'ai donc brisé la ligne des marches en les subdivisant et en bougeant les vertex, suffisamment pour que la lumière ait une incidence qui varie sur la surface.

Une autre technique de modélisation qui m'a été très utile pour l'ascenseur est la fonction Lattice. En effet, dans l'Art nouveau, les volumes sont tellement complexes et délirants qu'il m'a paru plus pratique de modéliser « à plat » les rambardes et l'ascenseur pour les déformer ensuite avec des boîtes de déformation.

Il est capital de veiller au respect des proportions et donc d'avoir de bons rapports d'échelle, afin de bien ressentir la taille de l'espace. Comment un être humain serait-il représenté dans la scène ? Cette question se doit d'être posée si l'on souhaite un décor qui paraisse plausible. Il est ainsi important d'avoir des objets fins et petits pour marquer ce qui est grand et imposant. Si l'on oublie de bien travailler les proportions des volumes, ainsi que les textures (car il faut suffisamment de détails pour distinguer les rapports d'échelle), on aboutira à un aspect « maquette » et peu réaliste de l'image.
Une mauvaise utilisation de la profondeur de champ peut aussi nuire à l'échelle. En effet, comme les logiciels 3D permettent de définir un plan focal n'importe où, on peut facilement contredire les lois optiques de l'hyperfocale et donner à une image bien réalisée une échelle qui ne lui convient pas.

Étape 2

Éclairages, ombres et lumières

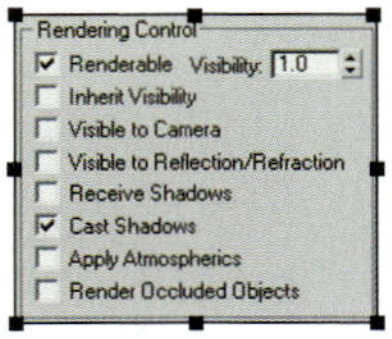

Pour rendre un objet ombre, je modélise un objet correspondant à la zone que je désire assombrir puis, dans ses propriétés de rendu, je décoche sa visibilité en ne gardant que sa propriété de projection d'ombres. Le sol reçoit alors l'ombre de l'objet, sans qu'il soit rendu, ce qui s'avère très utile pour rajouter du contraste et simuler la présence d'un objet hors champ. J'ai ainsi utilisé cette technique pour le sol situé au premier plan.

Généralement, je commence par placer une lumière principale, qui sera la lumière clé, celle qui donnera le ton de la scène. Ici, j'ai d'abord placé la lumière diffuse du puits de jour. Mais quand on utilise l'illumination globale, le contraste est perdu, alors que j'en souhaitais beaucoup sur cette illustration. La lumière sera en effet d'autant plus intéressante qu'elle contrastera avec des zones d'ombre, un peu à la manière du clair-obscur de Rembrandt, où l'ombre révèle la lumière.

Il faut régler avec soin la lumière ambiante dans les paramètres d'environnement de 3ds max, car c'est elle qui fixera la teinte des zones d'ombre et la densité des faces non éclairées. J'utilise souvent une teinte bleutée qui a le mérite de contraster avec les points chauds des lumières et de renforcer l'aspect pictural de l'image. Il est ensuite possible de paramétrer la couleur des ombres : le meilleur choix est d'utiliser la même teinte que pour la lumière ambiante, plus ou moins sombre.

Pour contrôler mes zones sombres, j'utilise la fonction Vertex Color et les lumières négatives. Grâce à cette fonction, qui est accessible en bas du menu Edit mesh en mode Vertex, il est possible d'assigner des valeurs de couleur aux points, qui se mélangeront avec la couleur des textures. Le choix d'un gris plus ou moins foncé fera ici l'affaire.

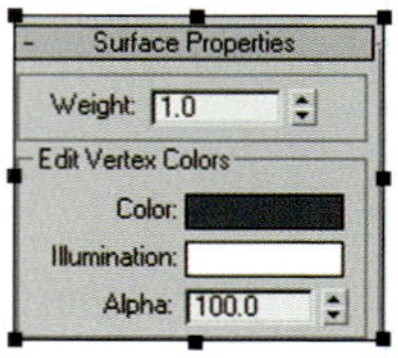

Afin de visualiser dans le viewport (fenêtre de travail 3D) le Vertex Color sur l'objet, il faut activer les options Vertex Color et Shaded dans les propriétés d'affichage de l'objet. L'étape suivante consiste à attribuer un matériau spécial à l'objet ayant une valeur de Vertex Color, à créer un RGB Multiply en texture diffuse et à mixer la valeur de Vertex Color avec la texture, pour que ce Vertex soit visible dans le rendu.

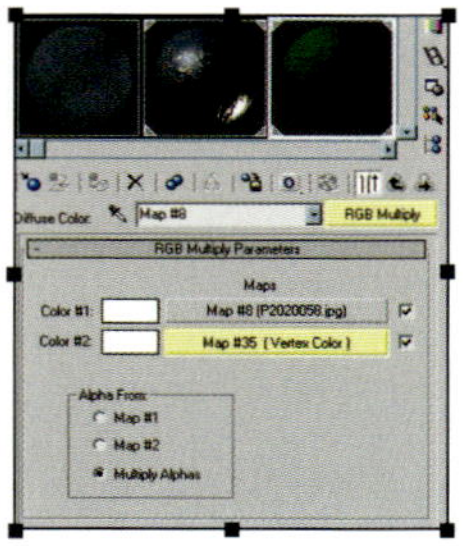

Si l'on utilise des lampes de type Omni, les valeurs négatives constituent un bon moyen de créer des zones d'ombre : à l'aide d'une sphère d'atténuation, il est possible d'assombrir subtilement en dégradé. Cela m'a d'ailleurs servi dans la partie droite du couloir, au-dessus des escaliers...

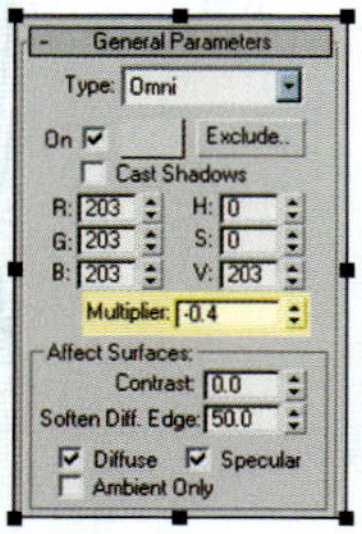

Étape 2

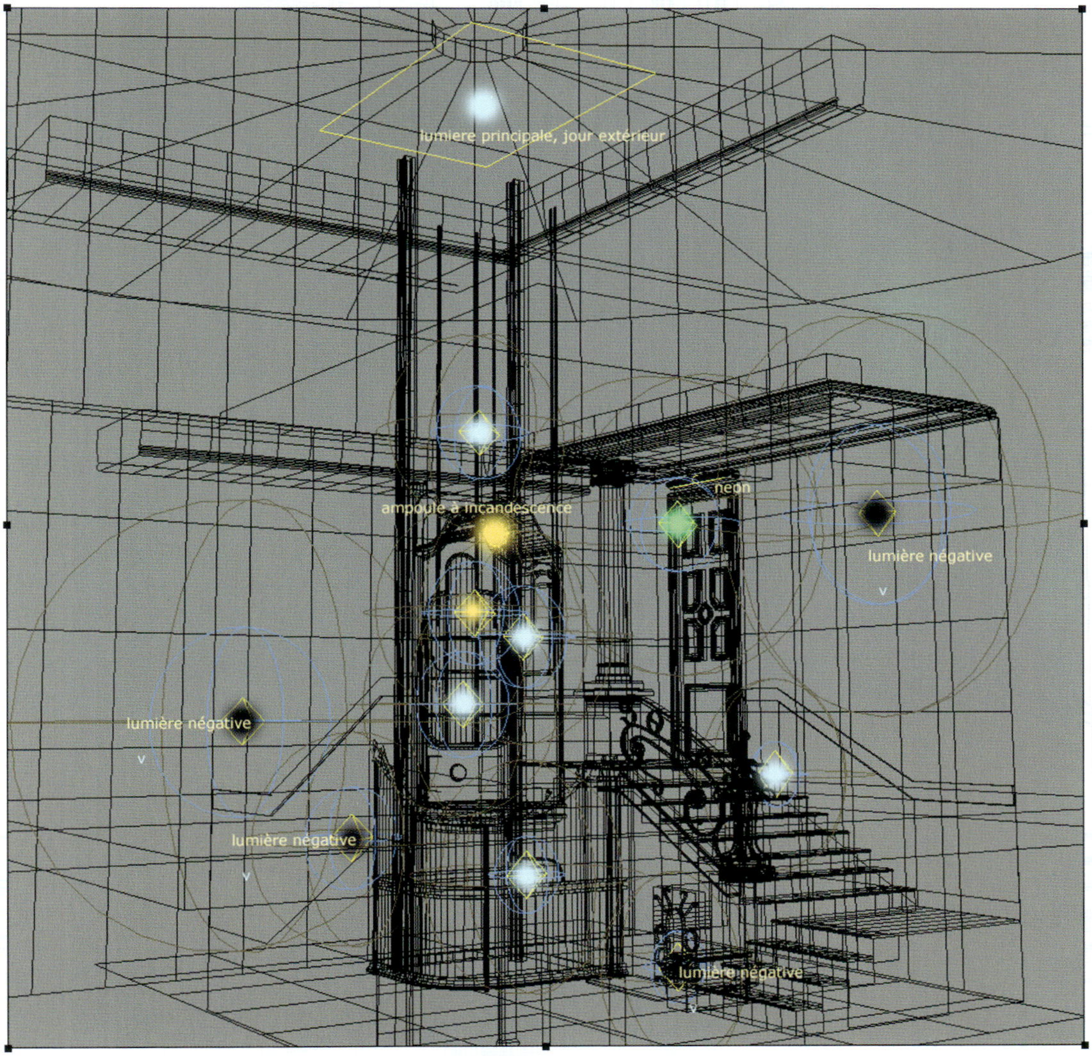

Lumières de la scène

Au final, beaucoup d'éléments m'ont été nécessaires pour ce rendu : omnis négatives pour réduire localement la luminosité des matériaux, souvent un peu trop éclaircis par l'illumination globale, lumières bleutées pour rehausser le brillant spéculaire du métal sur les rambardes et renforcer la lumière du ciel, éclaircissement du bois de l'ascenseur… Bref, il s'agissait de mettre un peu plus en scène ce décor et de tricher car on ne peut se reposer complètement sur la radiosité.

Étape 3

Dans la vraie vie, (le métal oxydé **ne réfléchit pas** *la lumière de la même façon que le métal usé.*

Matières, textures et trompe-l'œil

L'objectif principal de cette scène assez réaliste était de réussir à reproduire la pierre et le métal. Certes, les textures de base y sont pour beaucoup, mais il est tout aussi important de bien les exploiter dans l'éditeur de matériaux.

Pour concevoir un bon métal, je conseille d'éviter les matériaux Phong et Blinn, car il existe un matériau shader « métal ». Je crée ensuite une texture de spéculaire en me fondant sur la texture de base, en la passant en noir et blanc et en jouant avec les contrastes. Puis je place cette texture en couche bump et en option Specular Level, ce qui me permet d'obtenir des irrégularités de matière et des zones plus ou moins polies et réfléchissantes.

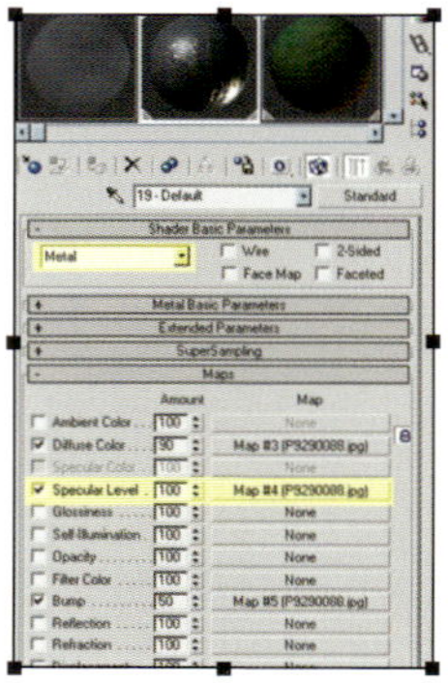

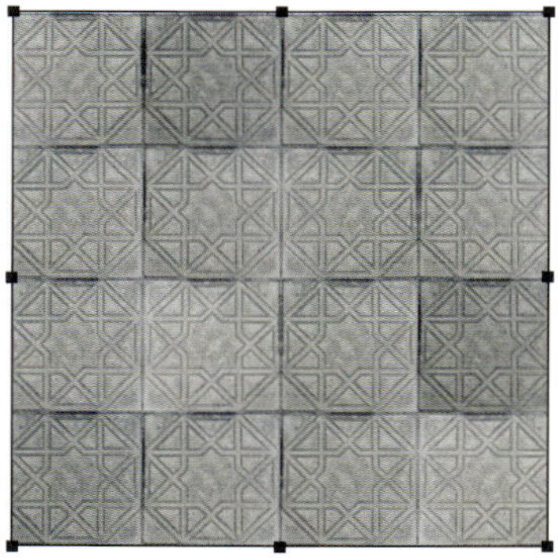

Pour la pierre, je réitère la même opération en utilisant un matériau Phong mat, avec un spéculaire diffus et peu élevé.

Pour le marbre, je désirais un rendu mat et poussiéreux, si bien que l'utilisation des réflexions n'a pas été nécessaire : j'ai simplement utilisé un phong avec un spéculaire léger, suffisant pour obtenir une lumière plus intense sur l'arrondi de la colonne.

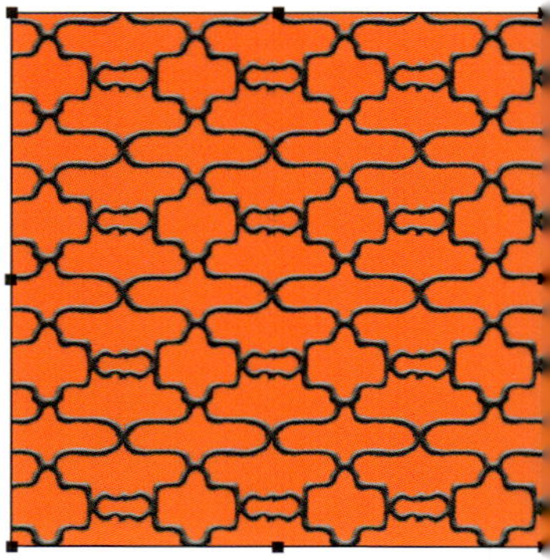

Un autre atout des textures est de pouvoir simuler une modélisation, un objet. Il est ainsi possible d'appliquer des trompe-l'œil sur des murs par exemple, ou de simuler un relief. Sur cette image, j'ai simulé, en utilisant les transparences, un grillage qui aurait demandé un budget polygonal assez lourd... Pour cela, j'ai affiché dans Photoshop les channels et créé un nouveau canal de transparence Alfa Channel. Les zones blanches seront opaques, les zones noires transparentes (sachant qu'entre ces deux zones, il est possible d'avoir un dégradé de transparences). J'ai affiché les transparences en rouge pour bien les distinguer.

Étape 4

Atmosphère, profondeur et picturalité

Une part très importante dans la conception d'un décor est de bien faire ressentir la profondeur. Cela peut se faire par une désaturation des couleurs et une perte de contraste sur la distance, ce qui permet ainsi de marquer les premiers plans et de faire ressortir le sujet principal. On retrouve par exemple cette idée dans les tableaux de Jean-Léon Gérôme, un peintre orientaliste du XIXe siècle.

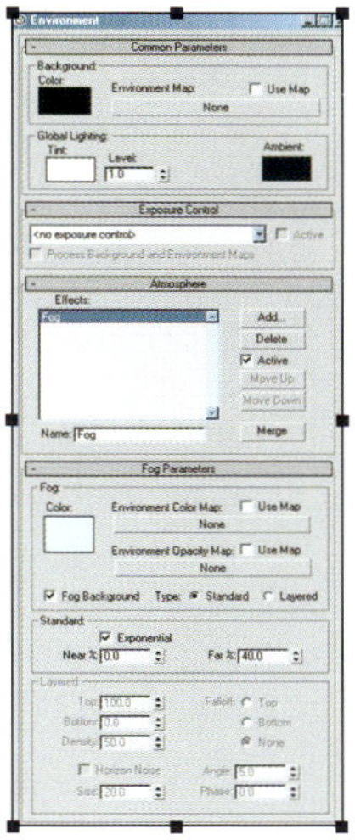

Dans la boîte de dialogue d'environnement, il est possible de définir une densité de brouillard, même très faible, ce qui suffit pour donner une notion de profondeur à la scène. Dans le cas d'un intérieur, il est aussi intéressant de teinter le fog de la même couleur que la lumière dominante ; ici, j'ai choisi un bleu clair désaturé. Ensuite, il faut éditer la caméra, cocher la case Show Environment Ranges et par la même occasion fixer la distance d'atténuation du brouillard comme un réglage de profondeur de champ.

C'est un peu dommage que 3ds max n'ait pas la possibilité d'afficher ce fog en temps réel dans la vue de travail comme le faisait softimage, car cela s'avérerait bien pratique pour régler les distances d'atténuation...

Jean-Léon Gérôme, 1873

Dans une scène intérieure, la brume rajoute aussi un côté mystérieux... La scène prend alors une dimension toute autre, moins réaliste, plus cinématographique et picturale, qu'on appelle en anglais la *spooky touch*.

Cette couche de brume se retrouve ainsi dans beaucoup de tableaux, de la Renaissance à la peinture réaliste du XXe siècle. On remarque par exemple l'importance de cette donnée dans les décors du film *Lord of the Rings* : tout ce qui donne profondeur, dimension et atmosphère aux diverses maquettes du film sont les couches de brume et de fumée projetées pour cet effet dans les studios de prises de vue.

Jean-Léon Gérôme, 1879

Pour compléter cette étape, il est bon de simuler une diffusion de la lumière autour des sources lumineuses, comme on le constate quand on regarde des réverbères dans la brume, les particules d'eau diffusant la lumière sous forme de halo. Pour cela, il faut entrer dans les paramètres d'environnement Lens Effects, et ajouter les sources de lumière qui devront générer un effet de glow. Il est alors possible de jouer avec l'opacité de l'effet, son intensité et sa couleur.

Pour finir, j'ai appliqué un glow verdâtre au néon situé au-dessus de la porte et amplifié la lumière de l'ascenseur à l'aide d'un glow orangé. Cela diffuse la lumière dans la brume et vient compléter l'effet de brouillard présent dans le puits de jour. Et voilà le travail !

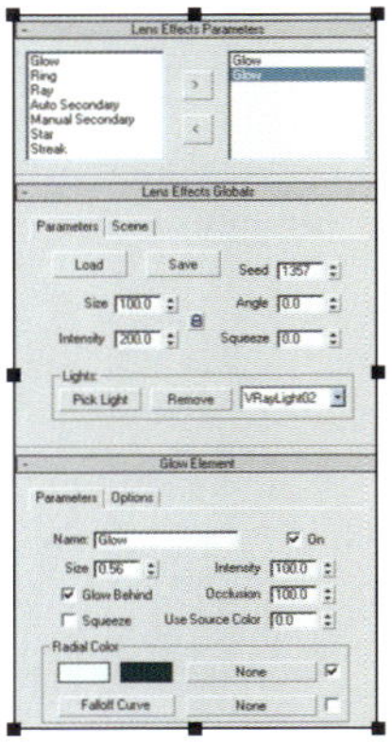

Sur cette image, j'ai eu le temps et le luxe de tout gérer, du concept original à la finalisation du travail. Chose très rare lorsqu'on est intégré dans une chaîne graphique très lourde comme celle d'un jeu vidéo ou d'un film de synthèse. Ici, une seule contrainte : celle de mon imagination.

atelier 05

OLIVIER **LEONARDI**

Matériel utilisé

- PC Pentium III 700 MHz
- 512 Mo de RAM
- 30 Go de disque dur

Logiciels utilisés

- 3ds max 3.5
- Photoshop 4

Meet the old navajo

Image finale

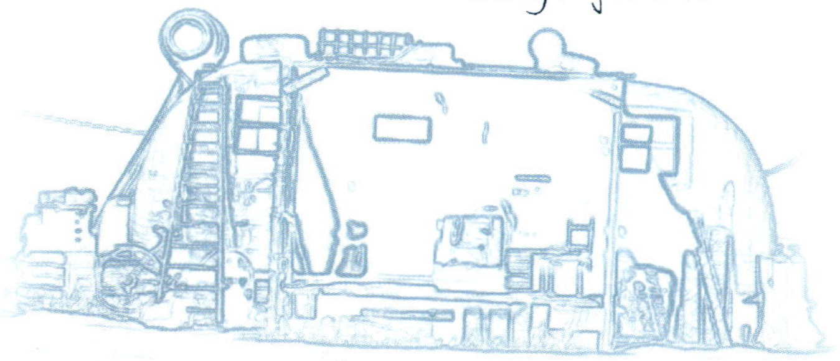

Cette image fait partie d'un ensemble de travaux qui devaient servir à la préproduction de *Almost Heaven*, un projet de long métrage 3D très ambitieux (trop, diront certains), finalement devenu un projet de série 3D, dont j'étais l'auteur.

En travaillant avec 3ds max, on découvre rapidement que le moteur de rendu par défaut est un peu limité. Le travail des textures, et surtout de la lumière, est donc déterminant. Mais avec un peu de temps et de persévérance, on arrive à créer de très bonnes ambiances, loin de l'aspect froid que l'on reproche souvent aux images 3D.

Cette image devait traduire (l'ambiance **générale du futur film,**

ainsi que son style : réaliste, semi-réaliste, cartoon...

Étape 1

L'inspiration

L'action du film devait se situer essentiellement dans les plaines désertiques du Nouveau-Mexique, dans une Amérique du début du siècle, toujours sous le joug colonial britannique. Au final, ce devait être un western à la *Mad Max*, assaisonné d'une bonne dose de chamanisme, où une bande de guérilleros mexicains et indiens affrontaient les troupes régulières anglaises pour gagner leur indépendance... Le vieil Indien assis devant le perron de sa caravane était le seul survivant de cette époque héroïque et le narrateur de ces palpitantes aventures.

Lorsque j'ai réfléchi à l'atmosphère que je voulais distiller dans cette image, j'ai pensé à *Cœur de tonnerre*, un film avec Val Kilmer qui questionnait un vieil Indien vivant dans une caravane délabrée, loin de tout, chacun se faisant part de ses propres visions... C'est un peu ce genre d'ambiance que je recherchais : la vieille caravane, des épaves de voitures, une accumulation de vieilleries, et tout cela perdu au milieu des plaines désertiques.

J'aime beaucoup cette idée d'isolement, d'îlot de vie « civilisée » au milieu d'une nature rude comme le désert. Idée que l'on retrouve aussi dans l'excellent Bagdad Café, une référence sur le plan esthétique, mais aussi au niveau des lumières, du cadrage, et qui m'a également inspiré.

Au moment de la création de l'image sous 3ds max, il a fallu penser à tout ce qui allait s'articuler autour de l'objet principal de la scène : la caravane. J'ai donc listé rapidement ce dont j'avais besoin pour la modélisation, à savoir tout ce qui allait donner de la crédibilité à cette scène : les objets utiles à la vie de l'occupant des lieux, comme la réserve d'eau sur le toit de la caravane, l'électricité (indispensable pour regarder les visages pâles s'agiter sur le petit écran de la télévision !) ou les meubles, mais aussi et surtout, l'inutile : les carcasses de voitures rouillées, de vieux panneaux routiers, des pneus, et... un tipi.

Étape 2

La modélisation

Le nombre important de petits objets autour de la caravane a rendu le travail de modélisation assez long et fastidieux. Je suis d'abord parti d'un objet plan, avec un maillage assez fin pour le sol. En éditant les sous-objets Sommet et en utilisant l'option Sélection adoucie, j'ai déplacé certains sommets du maillage pour casser l'aspect planaire peu réaliste et donner ainsi un minimum de relief au terrain, en créant, par exemple, les ornières laissées par des roues de voitures.

J'ai conçu plutôt rapidement la forme globale, en partant d'une boîte allongée avec peu de subdivisions, juste assez pour obtenir le volume de l'ensemble. Puis j'ai rajouté par-dessus un modificateur indispensable au travail de modelage lorsqu'on crée des objets aux formes « douces » : le lissage-maillage (MeshSmooth). J'ai ensuite effectué plusieurs opérations booléennes pour creuser l'intérieur de la caravane et découper les emplacements des fenêtres, des hublots et des portes.

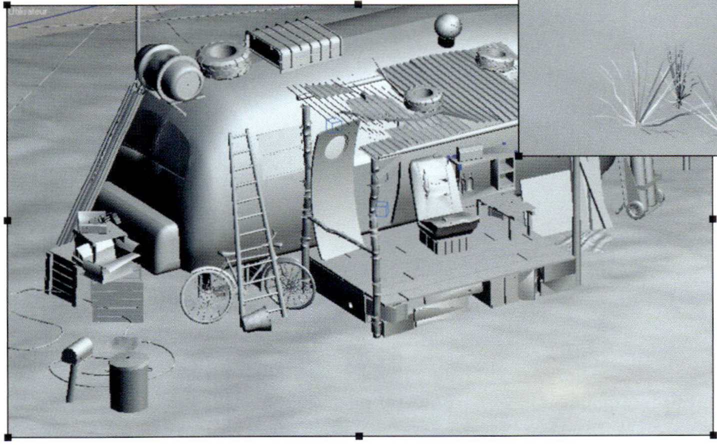

Attention, les maillages 3D supportent mal les booléennes à répétition. Limitez le nombre d'opérations, en attachant par exemple les différents objets qui vont creuser la forme finale.

L'herbe rase qui pousse autour de la caravane et du fouillis d'objets aux alentours (comme la boîte aux lettres) est en fait un mix de touffes faites en maillage très léger (objets planaires rassemblés en bouquets) et d'herbe générée par le plug-in Shag hair (utilisé normalement pour reproduire des cheveux !)

L'arbuste chétif a été créé sur la base d'un arbre générique que l'on peut facilement trouver dans des banques d'objets gratuits sur Internet. Quant au vieil Indien, assis à l'ombre de sa tonnelle, il a été modélisé par Pascal Blanché, co-auteur de mon projet de film à l'époque, et co-auteur de cet ouvrage... Merci Pascal !

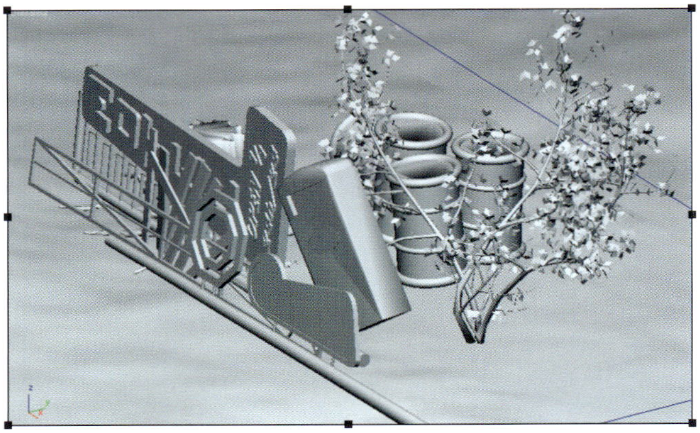

Étape 3

Le mapping

Là aussi, le travail de texturage des petits objets a été très long. Chaque planche, chaque poteau, chaque caisse et chaque pneu ont dû être parfaitement mappés. Mais, en utilisant une bonne banque de matériaux (les textures Marlin sont excellentes) et Photoshop pour effectuer les retouches, on y arrive facilement.

Le travail avec Photoshop a été particulièrement ardu pour la caravane et le sol. Pour la caravane, j'ai utilisé la technique du *unwrap* qui consiste à remettre à plat les coordonnées UV d'un objet : dans ce cas précis, j'ai attribué un UVW mapping cylindrique à cet objet et, à l'aide d'un petit plug-in nommé Unwrap texture, j'ai sauvegardé une image du maillage 3D à plat. Cela m'a permis de créer ma texture dans Photoshop en ayant comme repères les lignes de construction de l'objet. J'ai ainsi pu dessiner les coulures de rouille, l'aspect du métal plus sale au niveau du sol, etc.

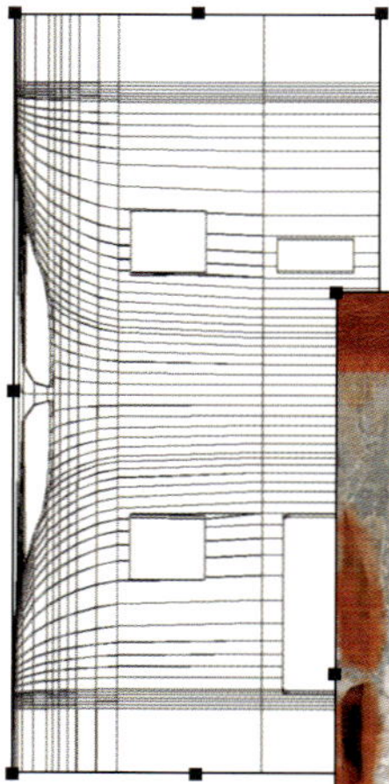

Image filaire

Couleur diffuse

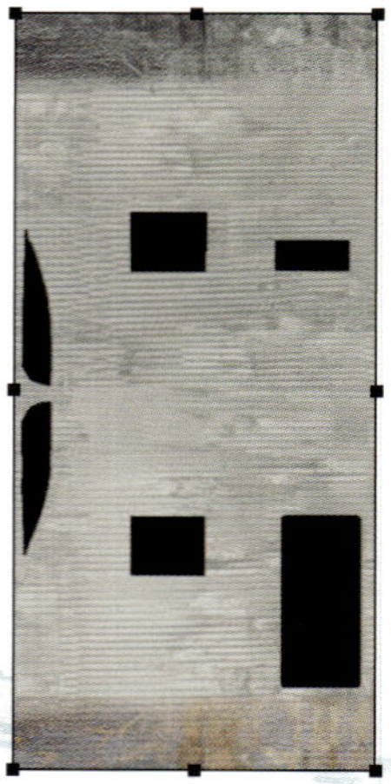

Bump mapping

Pour les vitres, j'ai obtenu un aspect sale assez satisfaisant en utilisant des textures en opacité qui fonctionnent par nuances de gris. En effet, les parties noires étant transparentes, les blanches font apparaître la texture des salissures.

Le format des textures doit être choisi en fonction de la distance à laquelle elles vont être perçues. Cela ne dépend pas de la taille des objets : une boîte de soda posée à 5 mètres de la caméra n'a pas besoin d'un bitmap de 3000 pixels de côté. Pensez-y lorsque vous créez vos matières : 3ds max doit charger en mémoire la totalité des textures de la scène à chaque début de rendu... Avec de gros fichiers textures, c'est très long !

Étape 3

Pour le sol, je voulais une texture très travaillée, avec de grosses différences d'aspect : des traces de véhicules, des endroits rocailleux, de l'herbe qui pousse sous la caravane…

J'ai donc décidé de créer dans Photoshop un bitmap de grande taille (2000 x 2000 pixels) pour que ma texture soit belle de loin comme de près. Puis j'ai choisi, dans une banque d'images, 5 textures de sable, d'herbe, de rochers et de graviers que j'ai mixées dans Photoshop en utilisant le tampon, créant ici une zone sableuse, là une zone rocailleuse, etc.

Pour décider précisément où j'allais placer l'herbe, les traces de pneus dans le sable ou la base des poteaux télégraphiques, j'ai créé un rendu de la scène vue de dessus. Au final, j'ai obtenu une texture vraiment adaptée à ma scène, avec de grandes variations de matières.

Lorsqu'on réalise des scènes en 3D, on sait qu'à partir d'une certaine distance de la caméra, on va devoir « tricher », tromper l'œil en utilisant des éléments 2D plutôt que des éléments 3D. Il est évident que pour un paysage de plaines, par exemple, au lieu de se lancer dans la modélisation de milliers de kilomètres carrés de terrain, on va privilégier l'utilisation de *matte painting* des images 2D, placées derrière les éléments en volume. Ici, je voulais que les deux types d'éléments se fondent parfaitement, sans rupture brutale au niveau de la couleur ou de la luminosité.

Pour l'arrière-plan, je suis parti d'une photo de ciel que j'ai copiée-collée trois fois en largeur dans Photoshop pour obtenir une image de 4000 pixels de large. J'ai raccordé les trois éléments avec l'outil Tampon, en faisant disparaître toute symétrie, toute répétition dans les nuages. J'ai ensuite utilisé un filtre d'effet Peinture pour donner aux nuages un aspect plus dessiné, avec des aplats de couleur. Pour la touche finale, j'ai réajusté la balance des couleurs de l'image, donnant ainsi l'impression d'un filtre couleur appliqué sur la caméra, comme dans *Bagdad Café*.

Avant

Après

> Les logiciels de 3D permettent d'utiliser des textures d'environnement, sphériques ou cylindriques, qui simulent un ciel à 360° par exemple. Pour ma part, je préfère utiliser de grands panneaux à plat sur lesquels j'applique ma texture d'arrière-plan, un peu comme sur les plateaux de cinéma, et que j'oriente face à la caméra.

Étape 4

La mise en lumière

Il s'agit d'une étape cruciale dans la réussite d'une image 3D, qui va de pair avec le mapping des objets, car un éclairage réussi donnera toute sa dimension à votre scène. C'est en effet la lumière qui va créer l'atmosphère, l'authenticité…

Quand on débute en (3D, on a tendance à trop éclairer.

On est tellement fier d'avoir modélisé tel ou tel objet que l'on veut que le spectateur n'en perde pas une miette !

Avec le temps, on apprend à utiliser la lumière de façon plus subtile et à exploiter les zones d'ombre, le contre-éclairage, les ombres colorées, etc.

Jusqu'à présent (mais cela a radicalement changé avec la version 5), 3ds max ne bénéficiait pas d'un moteur de rendu très puissant, ni de raytracing, d'illumination globale, ou de radiosité. Il fallait donc « tricher » pour simuler la lumière ambiante, c'est-à-dire celle qui ne provient pas directement des sources d'éclairage (ici, la lumière ambiante, c'est le ciel). Pour simuler cette lumière, j'ai donc créé une lampe directionnelle car ses rayons lumineux sont parallèles et conviennent parfaitement pour une source lumineuse aussi éloignée que le soleil. J'ai donné une teinte jaune orangé à cette lampe et réglé, dans les propriétés de l'éclairage, la couleur des ombres portées, en bleu foncé.

Si vous regardez un paysage en fin de journée quand le soleil commence à décliner, vous verrez toutes les ombres se teinter de bleu. Le changement de couleur de l'astre accentue le contraste entre les zones qu'il éclaire directement et celles demeurant dans l'ombre, influencées par la couleur du ciel.

En complément de cet éclairage principal, j'ai ajouté une lampe omnidirectionnelle bleue, avec un taux d'éclairage assez faible, pour simuler ce qu'on appelle le *skylight* (éclairage global sans ombrage qui correspond à la couleur du ciel). J'ai placé également d'autres « omnis » au ras du sol et dans la caravane, encore une fois pour créer cet effet d'illumination globale qui manquait terriblement dans 3ds max 3.5. Il y a donc en tout 6 lampes dans cette scène.

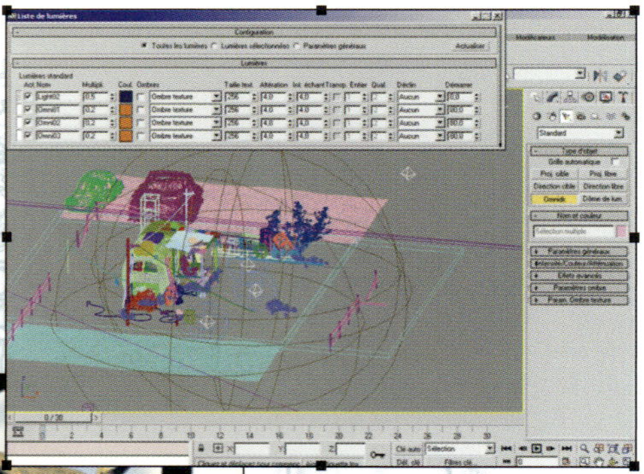

Étape 4

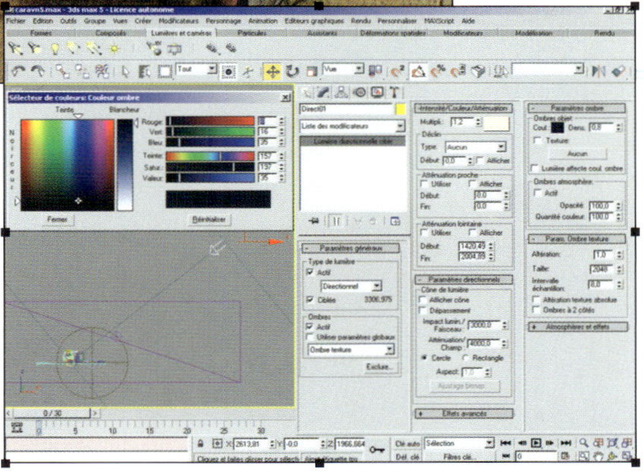

On ne parvient pratiquement jamais à trouver le bon éclairage du premier coup : la lumière peut paraître trop faible à un endroit de la scène et saturée à un autre... À vous de repositionner les lampes, de régler leur intensité, etc. Par exemple, si votre image comporte trois omnis avec un multiplicateur à 0.5, n'oubliez pas d'activer une zone d'atténuation autour de ces lampes, sinon leurs intensités s'additionneront et risqueront de suréclairer la scène. Vous pouvez également exclure certains objets de l'éclairage : dans la boîte de dialogue Propriétés de la lampe, sélectionnez ceux qui ne seront pas éclairés, de manière à éviter encore une fois que les multiplicateurs ne s'additionnent.

Amusez-vous aussi à tester plusieurs ambiances de lumière en réglant la valeur de teinte de vos lampes : midi, soleil couchant, clair de lune... Une valeur de 140 correspond à une lumière du jour voilée, 58 correspond au soleil à midi, 7 correspond au soleil couchant... De nombreux paramètres peuvent ainsi changer totalement l'éclairage de vos scènes. En outre, soyez méthodique lorsque vous ajustez ces réglages : il arrive souvent d'oublier quelle valeur on vient de modifier et pourquoi on obtient ce résultat à l'écran ! Par ailleurs, il existe aujourd'hui des moteurs de rendu, sous forme de plug-ins, qui intègrent radiosité, raytracing et illumination globale (Brazil, Vray...). N'hésitez pas à les essayer. ■

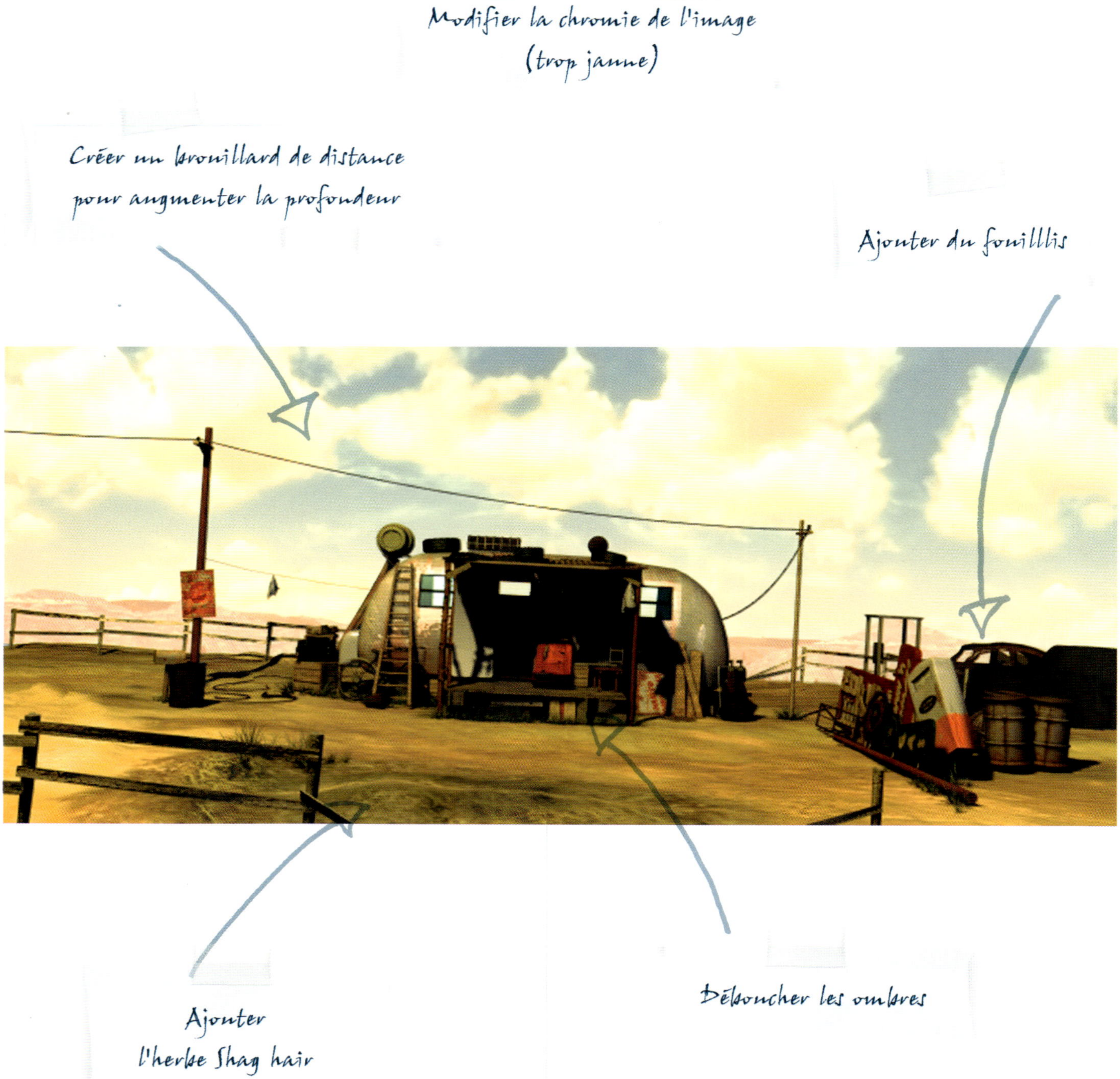
Modifier la chromie de l'image
(trop jaune)
Créer un brouillard de distance
pour augmenter la profondeur
Ajouter du fouilllis
Ajouter
l'herbe Shag hair
Déboucher les ombres

Étape 5

Le rendu final

En fait, tout au long du processus de création, on ne peut s'empêcher d'essayer différents rendus, tout simplement pour se rendre compte de l'aspect de tel objet ou de telle texture, du placement des ombres, etc.
Pour aboutir au rendu final, on passe par une succession de rendus rapides, de réglages, de tâtonnements, d'incertitudes aussi !

La composition

En regardant par l'objectif de la caméra, il ne me reste plus qu'à peaufiner la composition de mon image : déplacer quelques objets, réajuster quelques ombres, créer une zone plus aérée à gauche de la caravane, pour s'opposer aux carcasses de voitures qui bouchent l'horizon à droite. Voilà, encore quelques petits réglages, un peu de brouillard de distance dans le fond, quelques objets disséminés çà et là pour masquer le raccord entre l'arrière-plan *matte paint* et le sol en 3D. On peut maintenant s'approcher et laisser le vieil Indien nous conter les aventures épiques de ses compagnons d'armes...

N'hésitez pas à utiliser le « rendu par région » pour (gagner *du temps et ne calculer que la partie de l'image qui vous intéresse.*

Le cadrage

N'aimant pas beaucoup les cadrages trop étriqués et le format télé 4/3, j'utilise toujours des caméras grand angle et des ratios d'images « cinémascope ». Cette image n'a pas dérogé à la règle puisque j'ai placé, devant ma caravane, une caméra cible avec un objectif de 30 mm : les perspectives sont plus accentuées, on a plus d'espace, on respire. J'ai choisi une taille d'image de 2048 x 870 pixels, ce qui correspond à un ratio de 2.35. Pour parfaire le tout, j'ai mis 3 degrés de roulis dans la caméra pour casser les lignes horizontales et éviter un aspect trop posé, trop rigide.

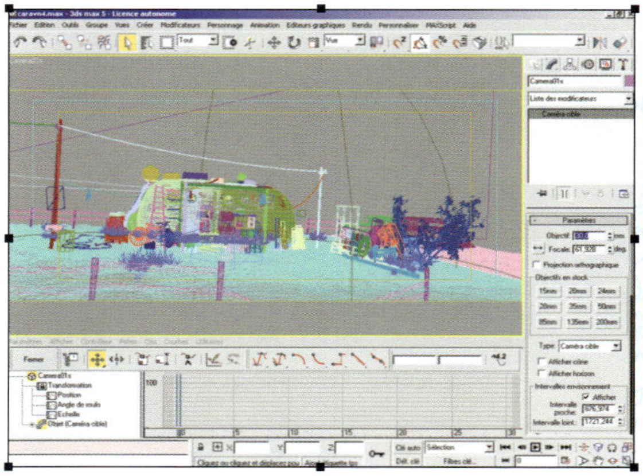

Loin des techniques traditionnelles
de recherche et de composition,
cette image a été réalisée de manière
intuitive : elle est née sans projection,
sans plan préalable, sans crayonné.
Il s'agit d'une réalisation où
conception et réalisation ont été deux
actions simultanées.

En traçant le premier polygone,
rien ne me permettait de savoir
exactement où mes pas allaient me
mener. Sheen serait-elle une femme
athlétique, obèse, fatale, vieille ?
Seule l'inspiration de chaque
instant a répondu à ces
interrogations.

atelier 06

XAVIER **MARQUIS**

Matériel utilisé

- Athlon XP 1900+
- 512 Mo de RAM
- 60 Go de disque dur
- Carte graphique GeForce4

Logiciels utilisés

- 3ds max 5
- Photoshop 6
- Vray 1.0

Sheen

Modélisation — Mise en scène — Image finale

Sur cette image, je suis parti de l'idée de faire un personnage, car c'est ma spécialité. Cela a été ma seule contrainte. J'ai puisé mon inspiration dans le jeu vidéo et le cinéma, à la croisée d'*Everquest*, jeu de rôle *online* à caractère fantastico-médiéval et de *Legend*, film de Ridley Scott. Mon héroïne représente l'élément incontournable de tout jeu de style Donjon et Dragon : elle est la prêtresse guerrière portant au bras mécanique le marteau, symbole de son attache à son ordre. Au final, j'ai obtenu une image où le personnage exprime une force contenue, une assurance dans la position, par opposition à un déséquilibre évident de son corps, dû aux excroissances métalliques.

Au final, j'ai obtenu une (image **où le personnage exprime** *une force contenue, une assurance dans la position.*

Étape 1

Une modélisation libre

Ayant une grande habitude de 3ds max, je sais que la modélisation par polygones est relativement efficace, notamment sous la version 5. Lors de cette modélisation, je commence toujours par m'attaquer à un point de détail, puis je tourne autour pour réaliser tout l'objet dans son ensemble. Par exemple, pour les personnages, je débute toujours par les lèvres puis je remonte en direction du nez.

Cette subdivision reste simple et ne doit pas surcharger la maille. Faire léger et optimiser le plus possible durant la modélisation de base permet de préserver sa machine.

Comme tout dessin né du hasard, où l'on appose quelques traits sur une feuille, je procède de même en 3D : je pose un premier polygone, en l'occurrence un plan délimité par quatre segments. Ensuite, pour la modélisation proprement dite, je fais appel à la « Sainte Trinité » : Weld, Cut & Extrude. Derrière ces termes un peu barbares se cachent trois fonctions fondamentales permettant une liberté de création que je trouve sans limite. La fonction Weld permet de fusionner des points de géométrie, la fonction Cut permet de découper dans une forme, et la fonction Extrude permet de prolonger une forme.

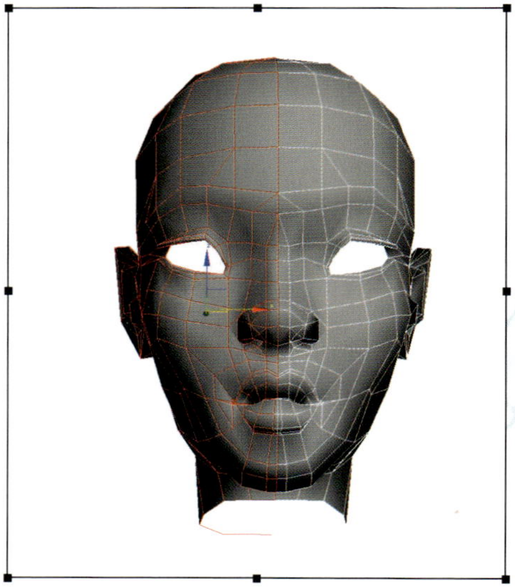

À force d'extrusion et de positionnement, je parviens assez vite à obtenir les formes rudimentaires que je souhaite. Très rapidement, le pourtour de l'œil et la paupière de mon héroïne apparaissent. J'obtiens alors un maillage grossier que je peux subdiviser à certains endroits pour affiner les traits du personnage.

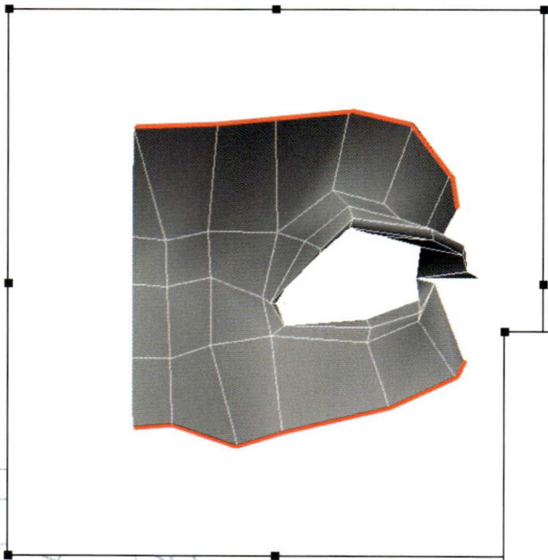

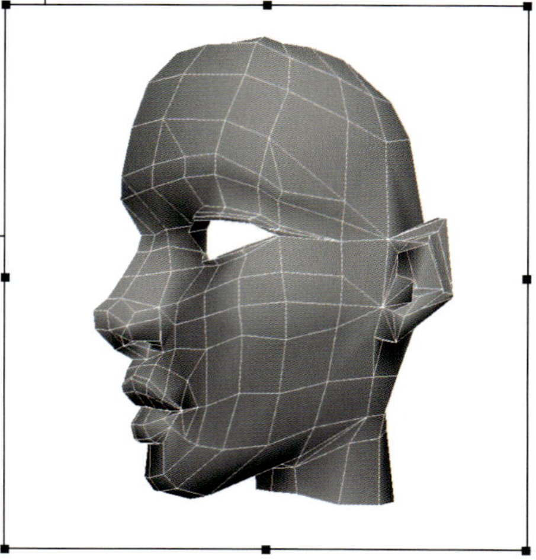

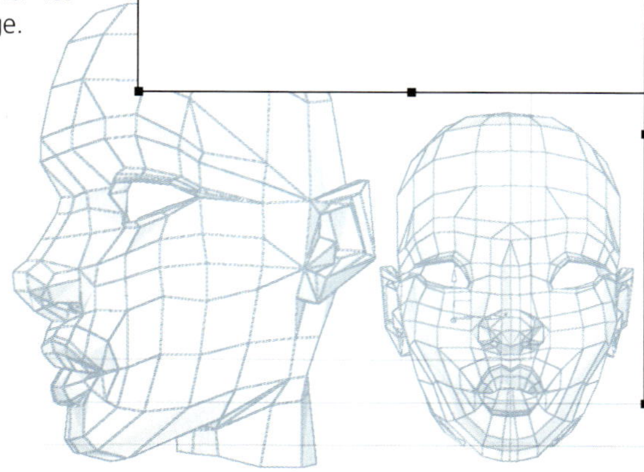

Étape 1

Toujours avec les trois fonctions de base, je construis le visage en lui donnant des traits proches d'un pantin ou d'un jouet. À l'aide d'une symétrie, je duplique la forme déjà créée, à savoir une moitié de visage. Cela me donne donc un visage complet dont j'assemble les deux moitiés. Je peux ainsi contrôler en détail la forme globale de chaque élément. J'associe un contrôleur de symétrie qui me permet aussi de modifier un côté quand je déforme son opposé, le tout en temps réel. Tout cela équilibre rapidement le personnage dans sa géométrie de premier niveau, c'est-à-dire grande maille.

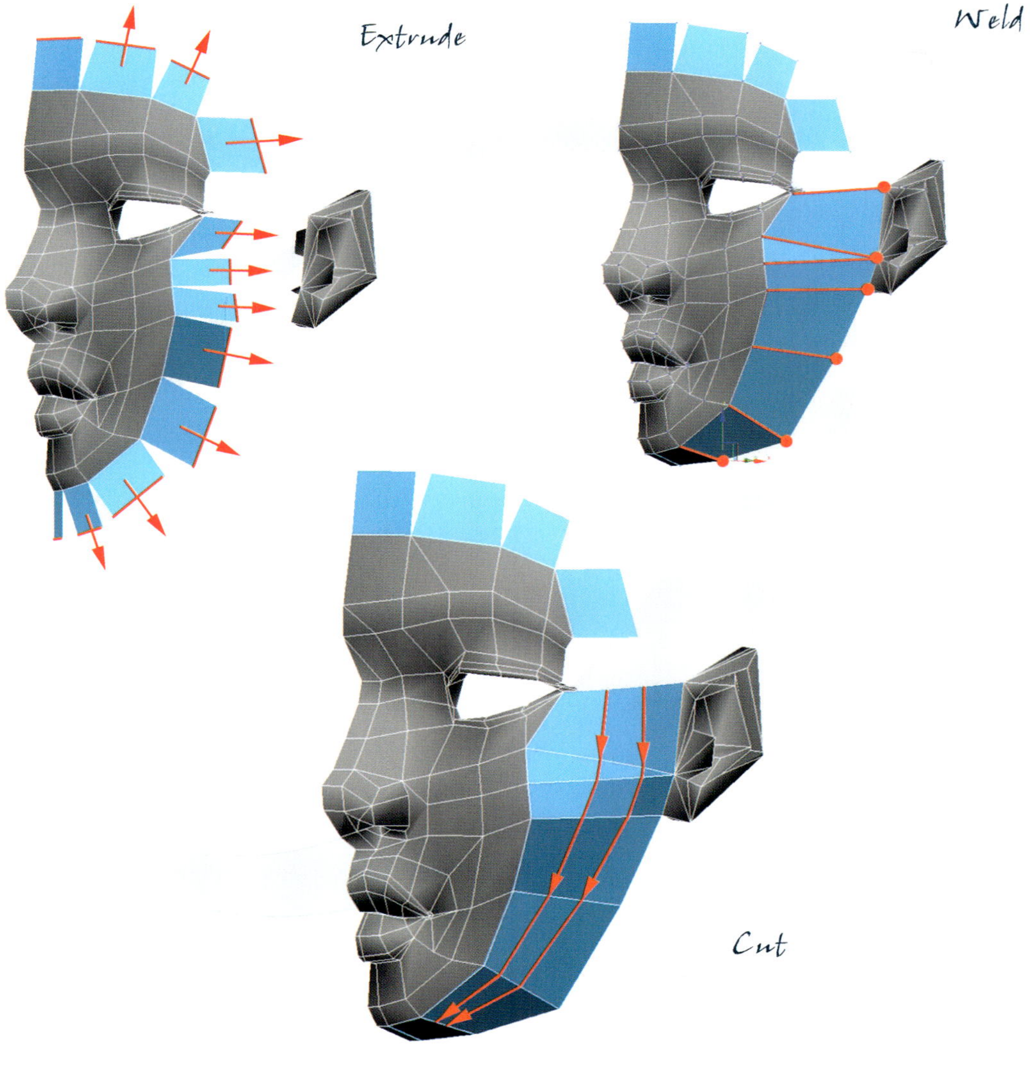

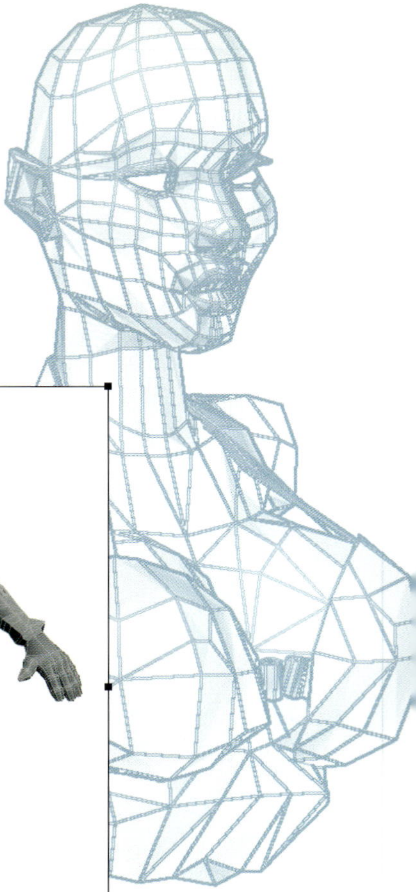

Étape 2

Affiner la réalisation

Je procède ensuite régulièrement à un lissage de la géométrie pour vérifier si la modélisation est suffisante ou encore trop imprécise. En effet, le but n'est pas de modéliser tout en finesse : dans l'étape précédente, j'ai procédé à une découpe grossière, tandis que maintenant je réalise des lissages de géométrie afin de contrôler si ma structure originelle est adaptée à l'objectif à atteindre. Si le résultat lissé est insatisfaisant – et d'ailleurs, il l'était sur cette image –, je retourne à l'étape 1 et modifie ma structure de base. Pour les bras et les jambes, j'ai opéré selon les mêmes méthodes, contrôlant régulièrement le tout à l'aide d'une simple symétrie.

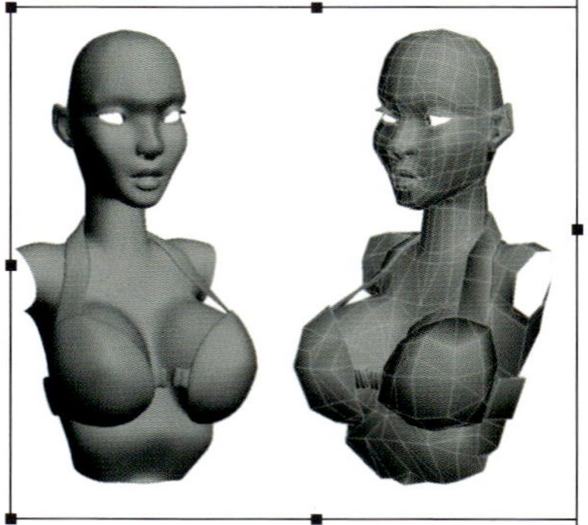

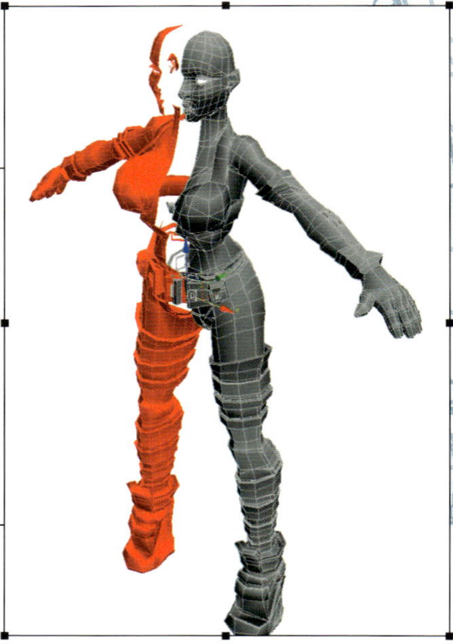

À ce moment précis de la modélisation, j'arrête tout pour passer à une phase de mapping. Créer les textures suffisamment tôt permet de simplifier l'étape suivante consistant à rompre la parfaite symétrie du personnage pour le rendre plus crédible. Une fois le personnage mappé, je lui applique une symétrie finale et je soude les deux moitiés. J'ai ensuite coupé l'un des bras pour le transformer en bras mécanisé, et j'ai modifié la ligne de la ceinture pour qu'elle soit hors symétrie.

Il ne me reste plus qu'à concevoir l'arme de cette prêtresse. J'ai opté pour une arme proche du *warhammer* du designer John Blanche, en lui donnant des dimensions spectaculaires. La longueur de cette arme est intéressante car elle me permet de bénéficier d'une ligne de construction supplémentaire qui sera sûrement utile dans la composition finale.

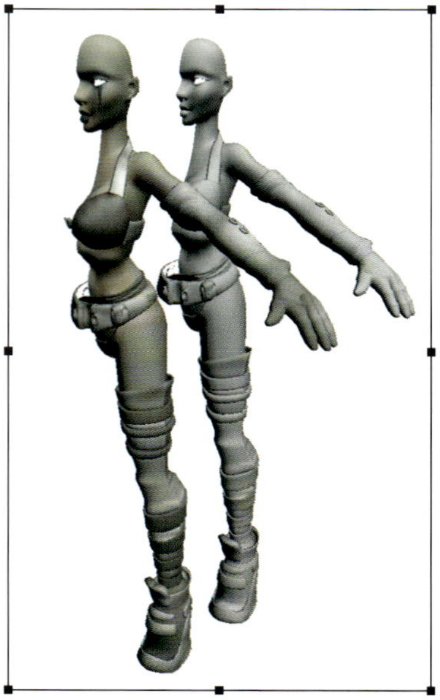

Les textures sont définies avant de poser les premières lumières. Elles sont travaillées en aplats de couleur avec très peu de détails. Je privilégie un effet jouet, donc juste un peu de couleur. Le but est de laisser la géométrie sculpter la lumière de la manière la plus naturelle possible. Régulièrement, je procède à quelques contrôles en lumière Vray pour tester la réaction des textures sous éclairage.

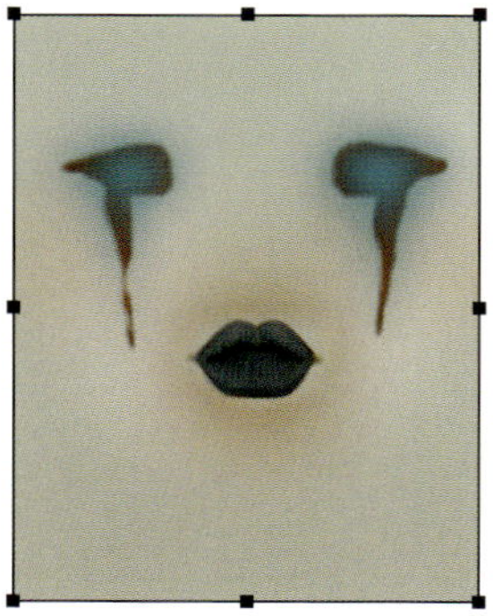

Étape 3

Prendre la pose

En créant le personnage, j'ai enfin de la matière première. Il est temps maintenant de l'animer pour lui faire prendre la pose, lui donner une force, un poids, une intention dans la posture. J'ai modélisé Sheen en croix pour des raisons de commodité. En effet, et c'est une règle quasi-universelle, on a toujours intérêt à modéliser les humanoïdes dans une position permettant de déformer aisément leur corps par la suite. Or en croix, le personnage a les meilleures chances d'avoir des plis relativement souples au niveau des articulations des épaules, si bien qu'on pourra lui appliquer facilement un squelette d'animation.

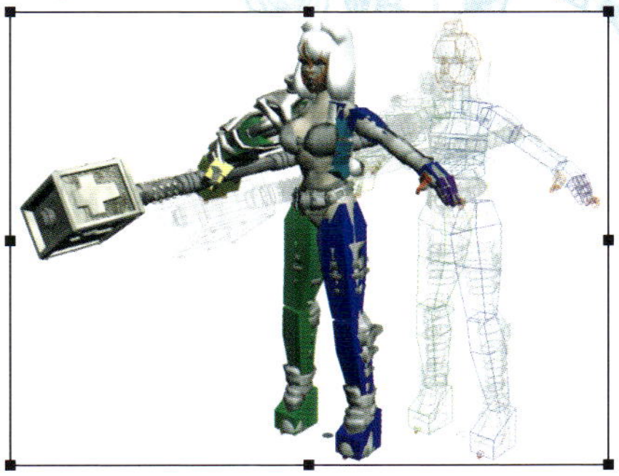

Ce squelette est en l'occurrence le modèle Biped, fourni par 3ds max. Ce modèle unique peut subir de nombreuses modifications telles que des ajouts de segments d'articulation, la déformation de ces segments, ou encore le changement des valeurs mêmes des points de rotation des membres. Il s'agit en fait d'un corps matérialisé par un ensemble de boîtes répondant aux mêmes contraintes d'articulation qu'un corps humain réel.

L'intérêt d'animer un corps avec ce modèle Biped est de réaliser une structure Biped qui ressemble grossièrement à celle de mon personnage. Si les points de jonction des membres sont situés aux mêmes endroits sur chaque personnage, lorsque je plierai le coude du personnage Biped, il entraînera alors le bras de Sheen tout en déformant effectivement le maillage du coude à la section voulue.

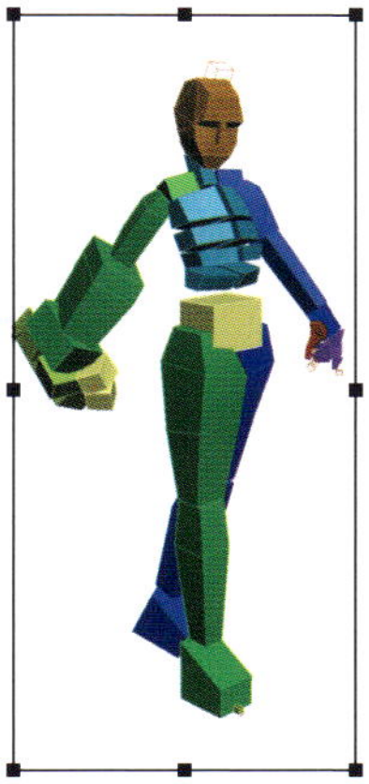

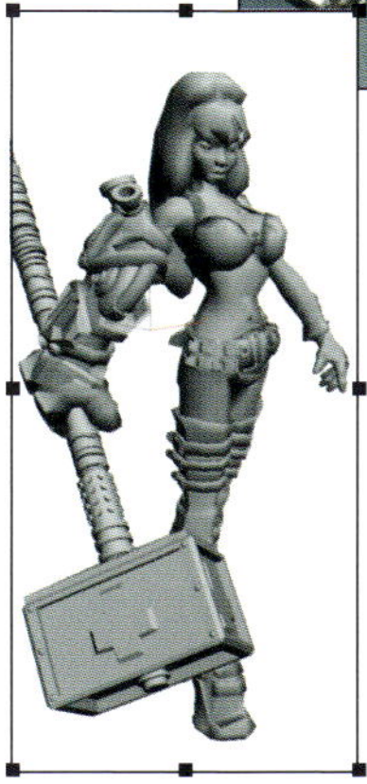

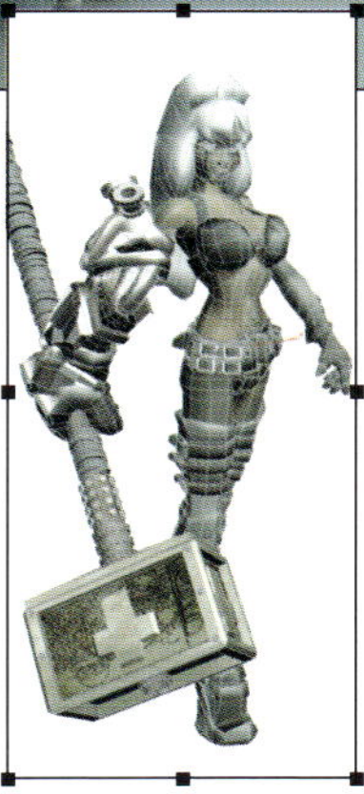

Une fois le Biped intégralement calé sur mon héroïne, je déclare une attache virtuelle entre le squelette et Sheen. Désormais, à chaque déplacement d'un membre du Biped, Sheen réagira à tous les points de contrôle de ce membre.

Étape 4

Un petit diorama

Toujours selon l'inspiration du moment, je décide de construire un socle digne d'un diorama de modéliste. Même s'ils sont fidèles à la réalité et à des paysages existants, ces décors ont pourtant une apparence irréelle. C'est justement ce que je recherche car je souhaite plonger mon personnage dans un environnement qui le mette en valeur. J'opte pour une technique classique qui consiste à construire en 3D le décor proche, pour

que les ombres et les lumières soient cohérentes vis-à-vis du personnage lors du calcul général en illumination globale. Le décor le plus éloigné est quant à lui réalisé en *matte paint*. C'est donc un simple ajout en fond lors du calcul.

Décor de primitives

Je conserve aussi une couche alpha qui me permettra de sélectionner par la suite, soit le fond, soit le premier plan, afin de réaliser d'éventuelles retouches en 2D.

Le sol se compose d'une grille, déformée çà et là pour lui donner une rugosité artificielle. J'ai ensuite ajouté quelques blocs de rochers, réalisés à partir de cubes déformés par des effets de bruit et de déformation polygonale.

L'image de fond servant de ciel a été réalisée à partir d'une simple photo modifiée au pinceau sous Photoshop. Le but est de rendre la photo moins réaliste afin d'accentuer le côté dessiné de la réalisation. J'ai commencé par jouer sur les teintes du ciel en rajoutant quelques filtres de couleur, puis en brossant quelques déformations dans les nuages. C'est en procédant à ces recherches que j'ai préparé le terrain en donnant une couleur ambiante à toute la scène. J'ai alors trouvé ce jaune d'été qui caractérise l'image finale. À la fois caniculaire et artificiel. ■

Étape 5

Le rendu final

L'illustration se compose désormais de trois entités : le fond en peinture de nuages, le sol en 3D et Sheen. Je peux désormais les orienter afin d'aboutir à un équilibre optimal de l'image. J'ai choisi un angle mi-profil, ce qui me permet d'employer au mieux les volumes du personnage. Le centre de gravité de Sheen est placé très haut dans sa posture, ce qui lui confère une assurance dans le mouvement, ainsi qu'une apparence de stabilité et de sérénité à toute épreuve.

Voilà c'est fini. À force de tâtonnements, de changements, Sheen est arrivée à maturation. Ce genre de création dans le vide n'est pas adapté à la construction d'un produit précis, mais il me permet d'être surpris par mes productions. Quand j'ai la sensation qu'elles ne sont pas de moi, c'est gagné.

Cette étape permet également de procéder à un contrôle de style sur toute la production. Je gomme les imperfections, je modifie les couleurs globales tout en jouant sur les contrastes et les lumières. Utiliser Photoshop apparaît comme une nécessité : on gagne en effet beaucoup de temps en 2D pour tous ces réglages. Avec un flou gaussien, on altère certaines zones pour donner des effets de distance dans l'image, ce qui permet aussi de lier les différents champs de profondeur.

Je repasse une dernière fois sur l'image en ajoutant quelques particules blanches faites à la main pour simuler quelques pétales en suspension. Cela rajoute de la dynamique à l'environnement et intègre encore davantage le personnage dans un champ de profondeur. Cela donne aussi de la densité à l'atmosphère.

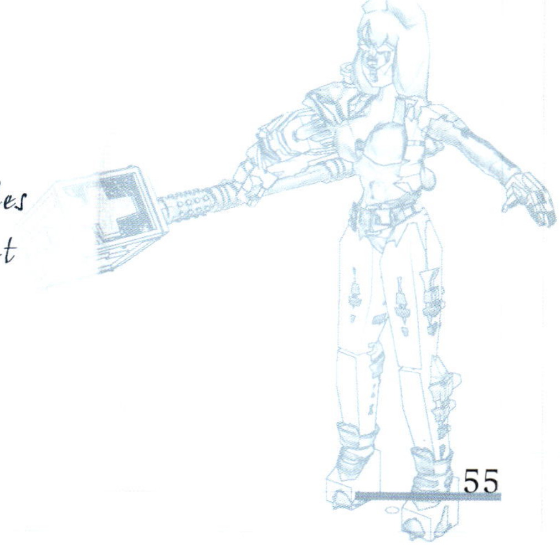

Je travaille depuis un an sur une adaptation personnelle de la BD The Watchmen d'Alan Moore et Dave Gibons en animation 3D. Après une bande annonce de trois minutes assez simple, je m'attaque aujourd'hui à la création des personnages principaux et à quelques scènes clés. Cette image est un test de production visant à trouver un compromis entre qualité de rendu exigé et temps de calculs acceptables pour mes faibles moyens en machines... et en temps.

atelier 07

MARC **MORDELET**

Matériel utilisé

- PC portable - Pentium 4 - 1,8 GHz
- 512 Mo de RAM
- Disque dur de 40 Go

M. Baroud

Logiciels utilisés

- 3ds max 5
- Brazil 1
- Photoshop 7
- Shag hair
- Frischluft

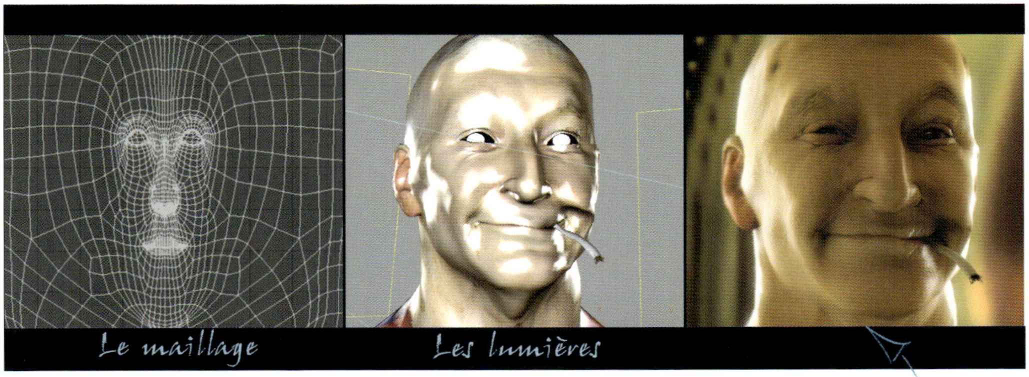

Image finale

M. *Baroud* est un projet personnel destiné à un test d'animation avec synchronisation labiale et incrustation dans une séquence vidéo en mouvement. Je voulais obtenir un personnage réaliste et en même temps stylisé pour accentuer les émotions lors de l'animation. Je l'ai appelé « M. Baroud », car je trouve qu'il a une petite ressemblance avec le personnage de Larcenet, bien que Bill Baroud n'ait rien à voir avec le personnage final de l'animation.

Cet atelier a pour but de faire découvrir une technique parmi d'autres techniques de texturage et de rendu. Je passerai volontairement l'étape de la modélisation, qui est un de mes points faibles, pour me concentrer sur le texturage et la mise en place des lumières avec le plug-in Brazil.

L'essentiel de cet (atelier est dédié aux textures et aux rendus.

Étape 1

Création d'un œil

La modélisation de l'œil est très simple. Il s'agit ici de creuser une première sphère à l'aide d'une seconde sphère via une opération booléene.

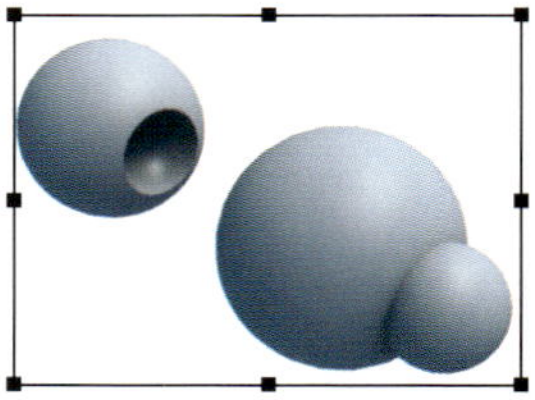

L'iris est réalisé avec un cylindre que j'aplatis pour lui donner une forme d'assiette légèrement creuse.

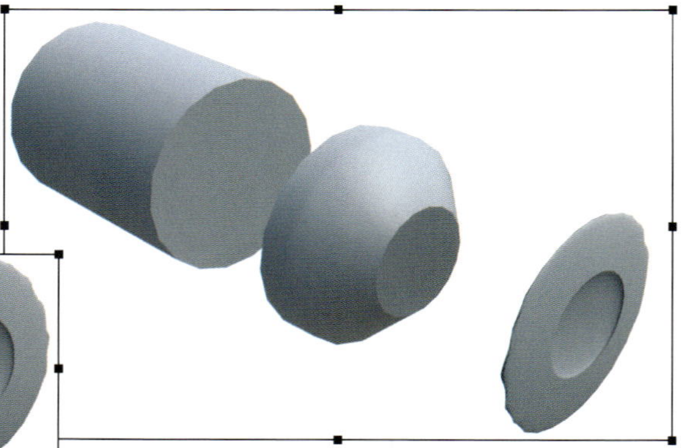

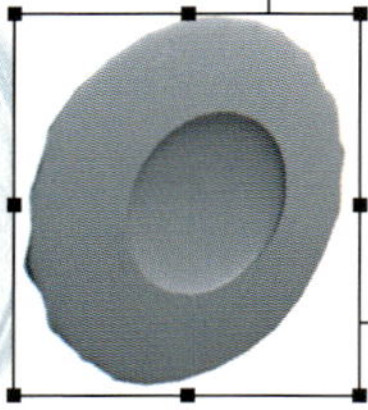

La texture du globe oculaire est composée de plusieurs maps : un pour la couleur, un autre pour accentuer les veines et la granulosité, un troisième pour la réflexion et un dernier pour les spéculaires. La cornée est transparente à 100 %, avec 12 % de réflexion ; j'ajoute un bump granuleux très faible à 4 %. Le bump est produit avec une texture de base, dans l'attribut de matériaux Noise de 3ds max. Le tout donne un rendu qui n'est pas réaliste, mais qui me semble donner un peu de vie au regard.

Je duplique quatre fois l'iris et je rajoute une demi-sphère pour la cornée. En modélisant quatre iris de tailles différentes, on multiplie les reflets et la profondeur. Chaque iris est composé d'un map (image) de transparence ; les iris ne doivent ni recevoir ni émettre d'ombres.

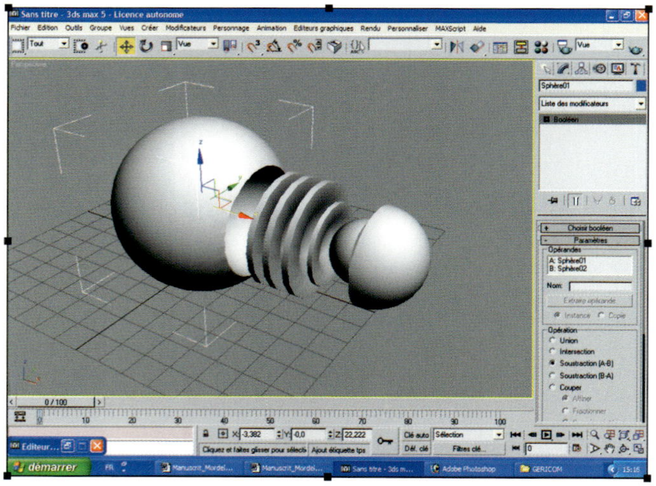

Si vous ajoutez des lumières dans la scène, vous pouvez les rendre apparentes (clic droit, Propriétés>Rendre objet) afin qu'elles se reflètent dans les yeux, donnant ainsi au regard une étincelle de vie. En appliquant un map de transparence tacheté de ronds blancs sur l'iris, on obtient le même effet avec un minimum de temps de calcul.

Étape 1

Cette technique est conseillée pour la création d'images fixes, mais se révèle inefficace lors d'une animation. Les reflets blancs restent immobiles en cas de mouvements ce qui aplatit le regard.

Le globe oculaire est constitué de deux maps, un pour la couleur et l'autre pour le bump. On peut en rajouter un troisième pour la transparence et un dernier pour la mise en valeur des veines, par l'intermédiaire d'un map de déplacement que vous pouvez importer dans les options de mapping de votre gestionnaire de textures.

La demi-sphère entre la cornée et l'iris sert à simuler la dilatation de la pupille. Cette dernière se dilate suivant l'intensité de la lumière ou lors d'un clignement de l'œil. Il suffit de créer trois objets différents : la pupille dilatée, la pupille au repos et la pupille contractée. Sélectionnez la pupille au repos et appliquez-lui la fonction Interpolateur (un *morph*) dans le menu Attribut d'objets. Importez ensuite les deux autres pupilles dans les canaux libres de l'outil Interpolateur (du *morpher*) ; vous pourrez les dilater ou les contracter facilement.

Les maps de déplacement (déforment le maillage des objets *en utilisant les valeurs de gris de l'image.*

La pupille présente sur l'image du globe sert de repère lors du placement de la texture sur l'objet. Elle est volontairement plus grande que la pupille modélisée, accentuant au final le contour sombre de celle-ci.

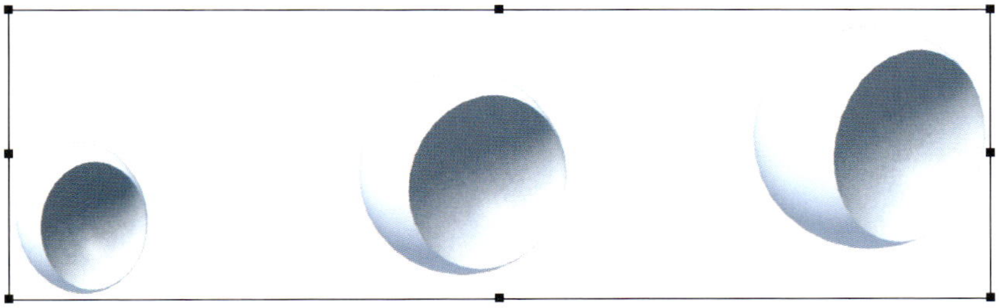

> Il est déconseillé d'employer un map de luminosité, même si vous trouvez que votre œil manque d'intensité. Recopiez plutôt le map de transparence dans le canal Translucency en mode Instance ; vous obtiendrez un map lumineux, tout en conservant les informations de niveaux de gris.

Les différents maps pour l'iris

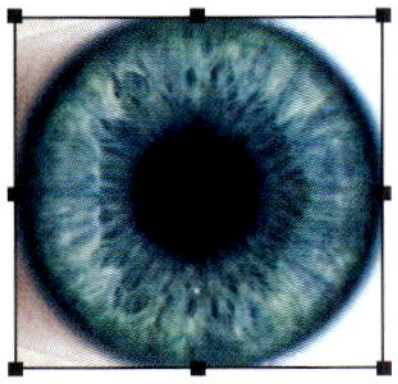

Map pour la couleur

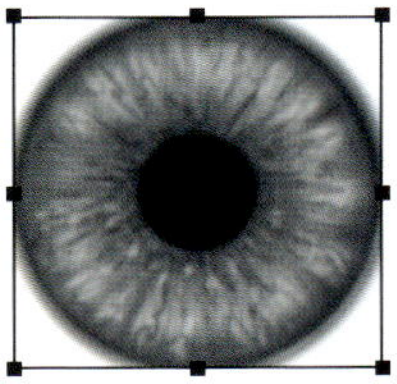

Map pour le bump

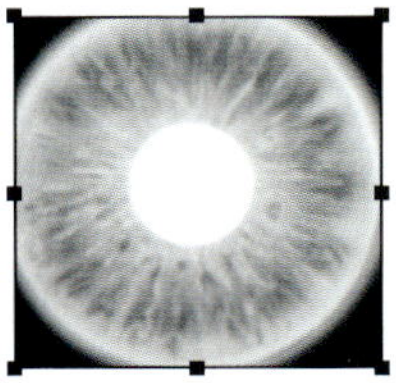

Map pour la transparence

Je rajoute un dernier map de déplacement, extrêmement léger, dans le but de casser le lissage du globe. ■

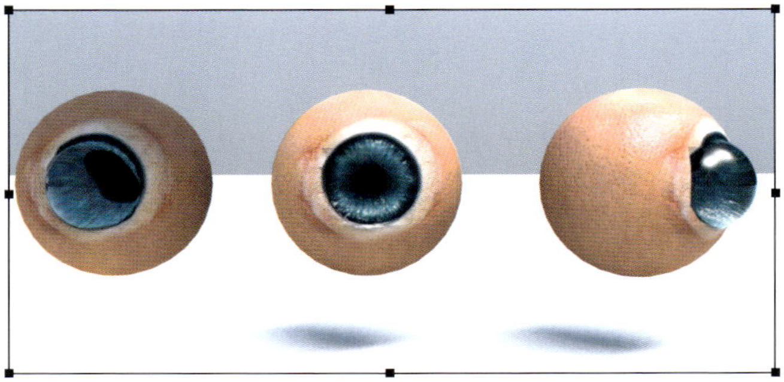

Étape 2

Textures du visage

Il est souvent plus facile d'importer une texture qui existe déjà, de la plaquer sur l'objet et de lui attribuer des coordonnées de mapping que d'en créer une. Le résultat est peut-être satisfaisant, mais, en y regardant de plus près, l'image servant de texture est généralement mal placée ou mal déformée. C'est pourquoi il faut le plus souvent possible créer la texture à partir du maillage mis à plat de l'objet. En effet, pour qu'il y ait le moins de distorsions possible, le map doit épouser fidèlement le maillage. J'utilise alors la fonction Unwrapp UV dans 3ds max pour exporter ensuite dans Photoshop le maillage à plat du modèle.

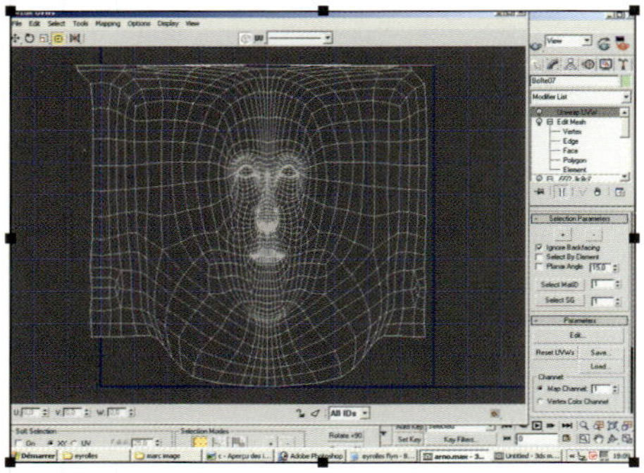

Évitez de faire des captures d'écran de face et de profil dans 3ds max : il vous manquerait des informations, et, au final, le map se projetterait sur le modèle comme une photo issue d'une projection de diapositive. En effet, imaginez un cube sur lequel vous projetteriez une diapositive de texture de marbre par exemple. Si le projecteur se trouvait en face d'un des côtés du cube, les autres faces ne recevraient aucune information ; s'il se trouvait à la perpendiculaire de l'une des arêtes, les marbrures seraient déformées. La seule solution pour texturer ce cube à l'aide de diapositives serait donc de placer un projecteur en face de chaque face du cube.

Je photographie en premier lieu le visage d'un ami sous tous les angles, avec un appareil numérique ; avec la cinquantaine de clichés obtenue, je recompose la tête bloc par bloc en faisant en sorte que chaque bloc corresponde bien au maillage.

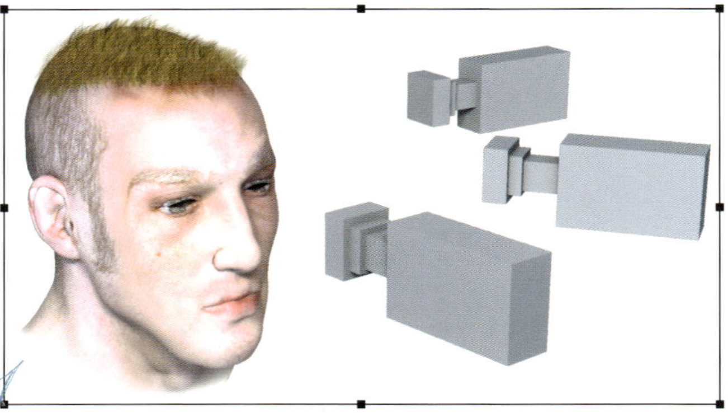

Lors de la prise de vue, veillez à ce que la lumière soit la plus diffuse possible afin d'éviter les ombres et les spéculaires sur la peau.

On obtient alors une surface de peau qui doit ressembler à un scalp du visage posé à plat.

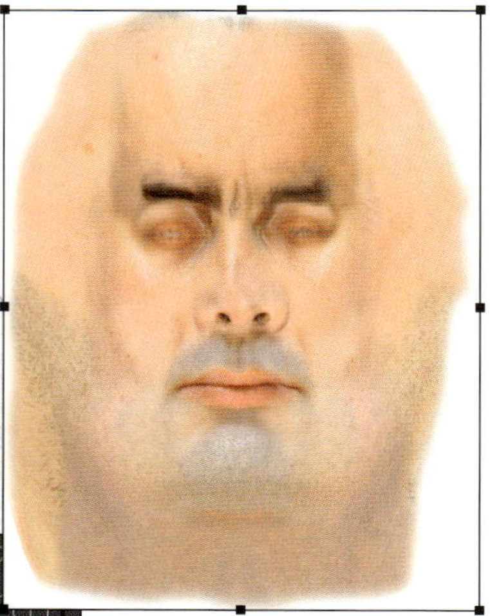

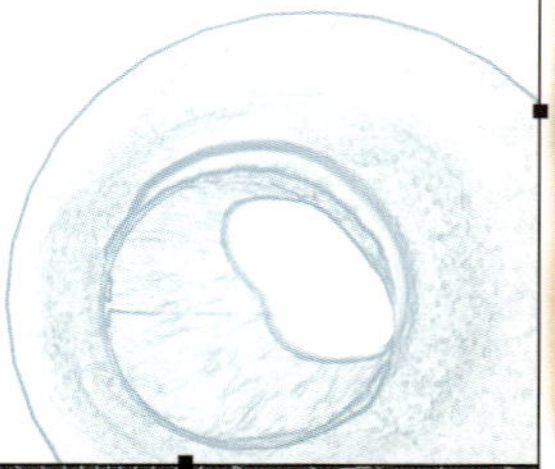

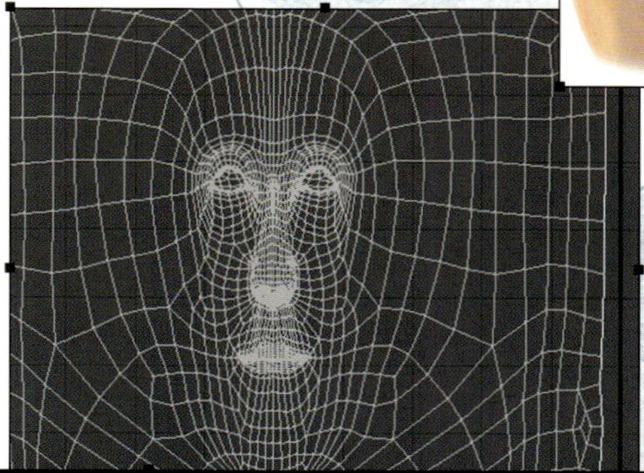

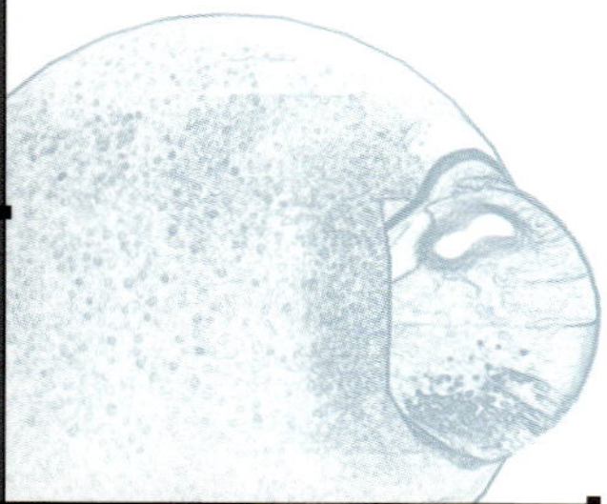

Étape 2

Il n'y a pas vraiment de règles pour obtenir une texture de peau. Selon les prises de vue initiales, l'éclairage et la couleur de la peau du modèle, la combinaison des calques varie. Le plus simple est de s'amuser à combiner ces prises de vue avec les différents modes de superpositions proposés par Photoshop ; la texture finale fera alors 6000 x 6000 pixels environ – la multiplication des calques augmente terriblement le poids de l'image. Il faut donc purger la mémoire après chaque grosse opération.

Je garde rarement mes calques intermédiaires et laisse libre cours au hasard et à mes goûts du moment pour finaliser la peau. N'hésitez pas à vous procurer un maximum de photos de visages ou autres, beaucoup de site en proposent gratuitement sur le Web. L'idéal est de se procurer un appareil photo numérique et de shooter tout ce qui bouge. Une bonne bibliothèque de maps est extrêmement importante. À la longue, on reconnait en effet très facilement les maps fournis avec les logiciels de 3D, et les images ont alors un petit quelque chose de déjà vu...

Ici, la texture de bump en noir et blanc est issue d'une image provenant d'un site Web et de photos personnelles d'arbres. J'assombris délibérément la texture finale afin qu'elle ne soit pas trop « brûlée » lors de l'éclairage dans Brazil.

Pour donner davantage de rides et de rondeurs au personnage, j'ouvre un nouveau calque dans Photoshop et je dessine au pinceau blanc les endroits où je veux que le maillage se déforme.

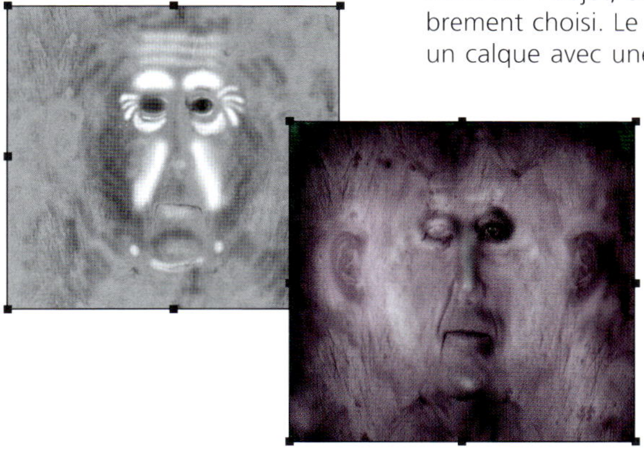

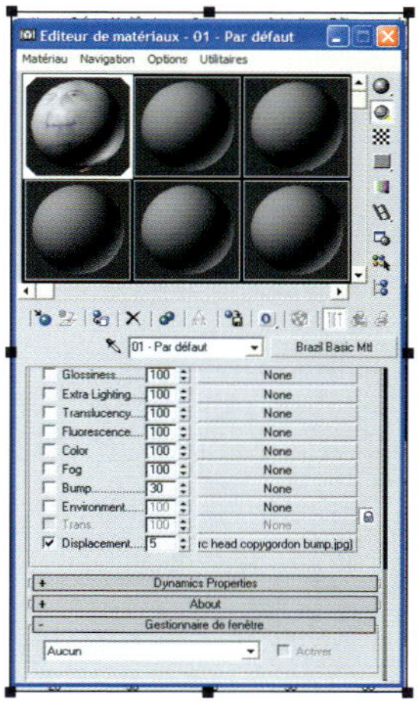

J'enregistre cette image et je l'importe dans le canal de déplacement. En appliquant le map dans ce canal avec un niveau de 5, j'obtiens un personnage moins lissé, moins « image de synthèse ».

Nous aurons besoin de maps supplémentaires pour simuler les reflets sur la peau et les spéculaires. Il faut simplement dessiner sur un nouveau calque (en blanc, au pinceau), les zones où vous désirez accentuer ces effets. Vous pouvez vous aider d'outils tels que Deep paint 3D qui permet de peindre directement sur l'objet, et ce dans le canal de map que vous aurez librement choisi. Le principe de Deep paint consiste à combiner un calque avec une fonction issue de l'univers 3D. Le plan de travail est constitué de l'objet 3D que l'on peut manipuler dans tous les sens, et sur lequel on peut peindre en temps réel. Les principales fonctions de Photoshop sont disponibles : vous pouvez peindre vos spéculaires, vos bumps ou n'importe quel autre attribut de textures en utilisant des calques séparés.

Addition de deux maps en mode de calque Multiply

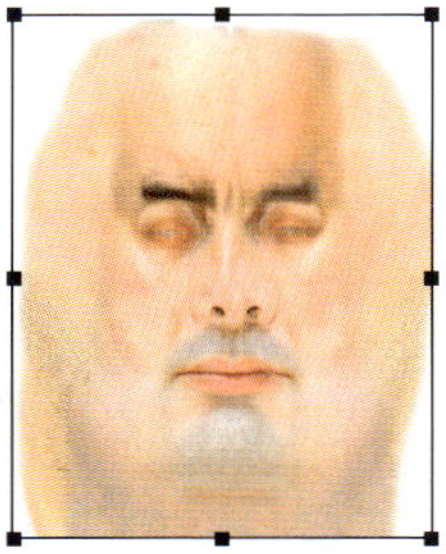

+

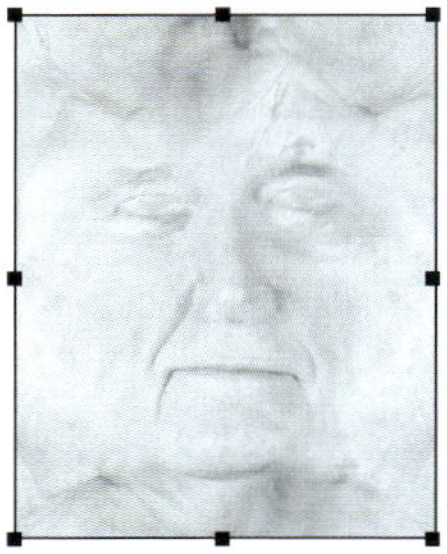

Deep paint 3D est un outil (efficace, mais qui nécessite *une tablette graphique pour plus de confort.*

Texture finale

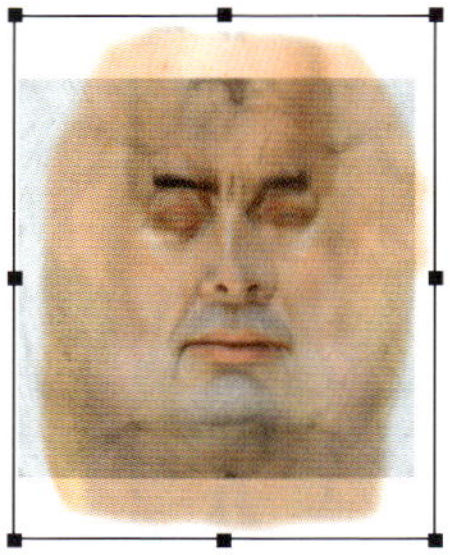

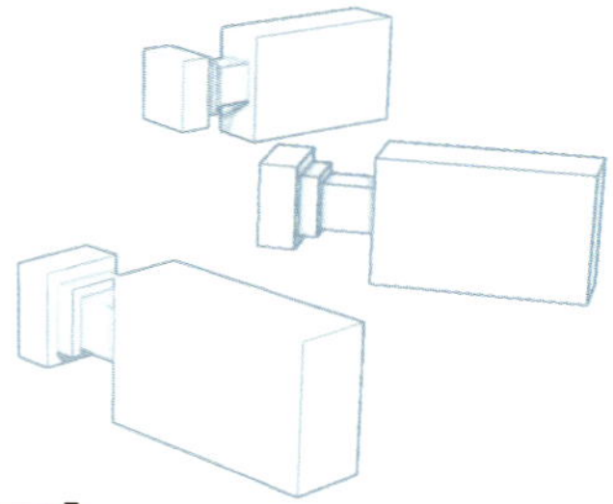

Étape 3

Les lumières

La création des lumières est gérée avec Brazil 1, plug-in de radiosité de 3ds max. Ce choix s'est imposé après quelques essais concluants ; seule la simulation de Sub-surface-scattering me semble un peu étrange à réaliser avec ce plug-in.

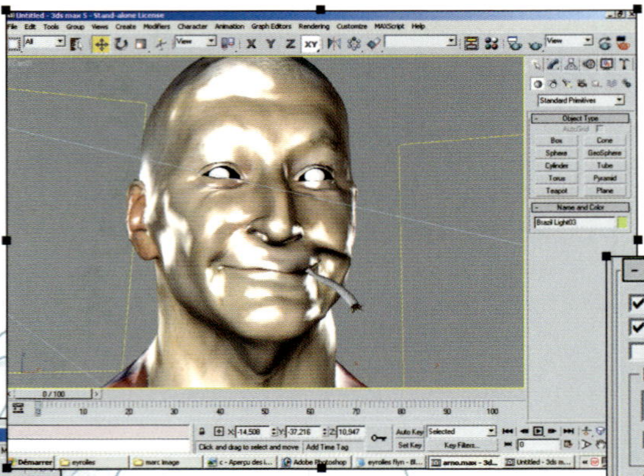

Créer deux lumières en incluant les objets de la scène dans le gestionnaire d'illuminations et d'ombres ; les placer à l'arrière de la tête, de chaque côté.

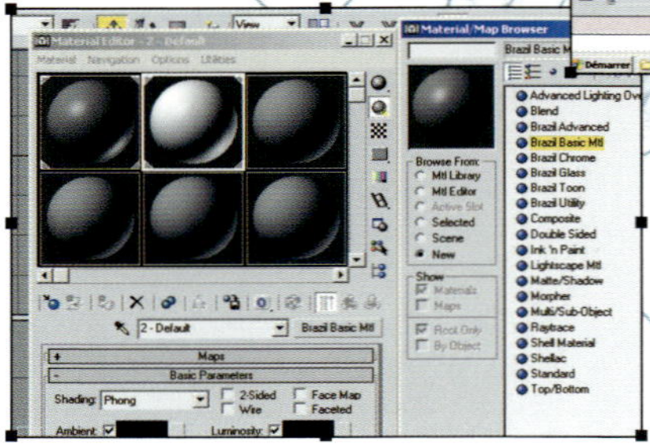

Les maps sont importés dans des matériaux spécifiques de Brazil. Par défaut, sélectionner Brazil basic mtl.

Il faut tester les spéculaires pour rendre la peau plus ou moins grasse.

Importer les maps de bump, de réflexion et de spéculaires dans les canaux correspondants.

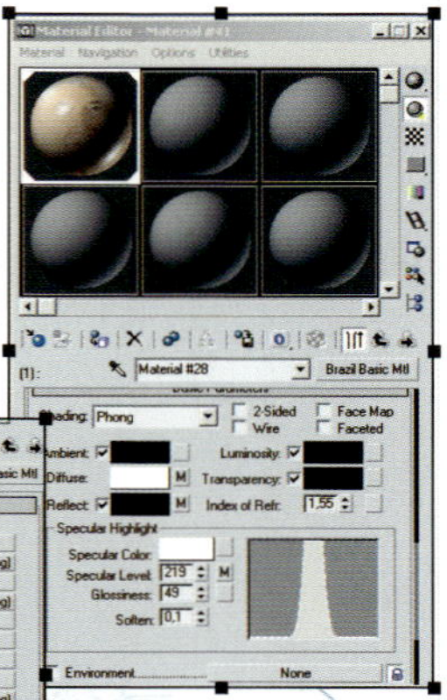

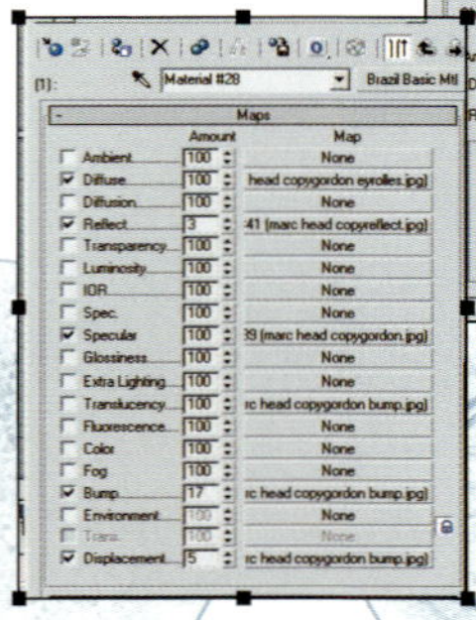

Ouvrir les options de rendu, sélectionner Brazil comme moteur de rendu de production. (Pour les essais, vous pouvez laisser l'image Sampling control sur P1.)

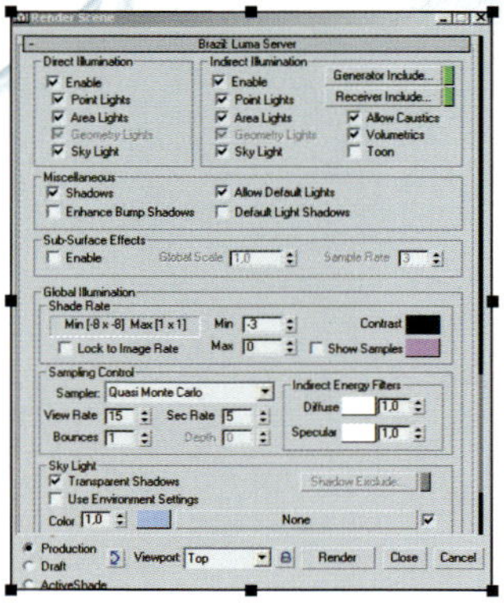

Dans le menu luma server, activer les options d'illuminations directes et indirectes et l'option Sky light. Comme précédemment, sélectionner les objets qui vont générer et recevoir les différents types d'illuminations.

Rendu et finitions

Avec le plug-in Shaghair de Digimation, je rajoute quelques poils sur les oreilles, le cou et les pommettes.
Attention, il faut impérativement convertir les poils en mode Mesh, sinon ils ne seront pas pris en compte par Brazil.

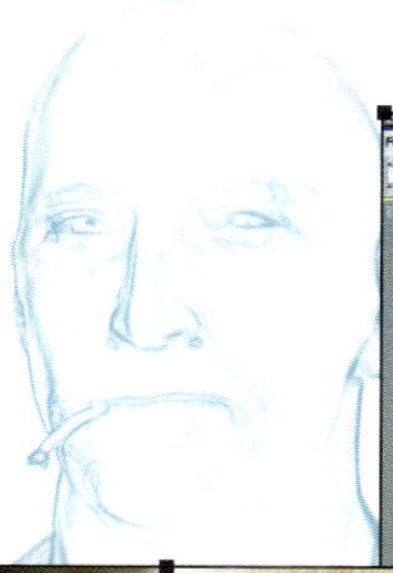

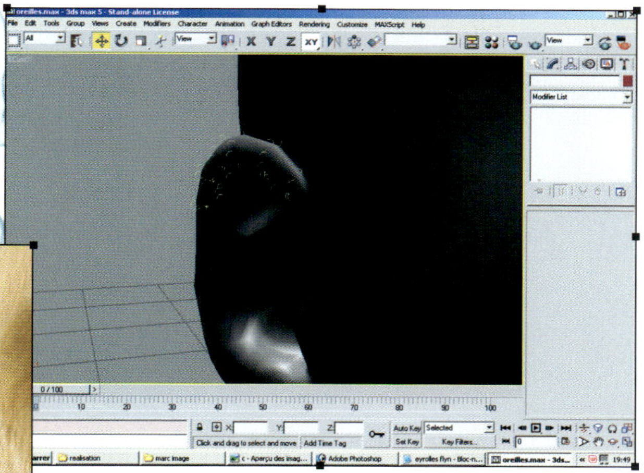

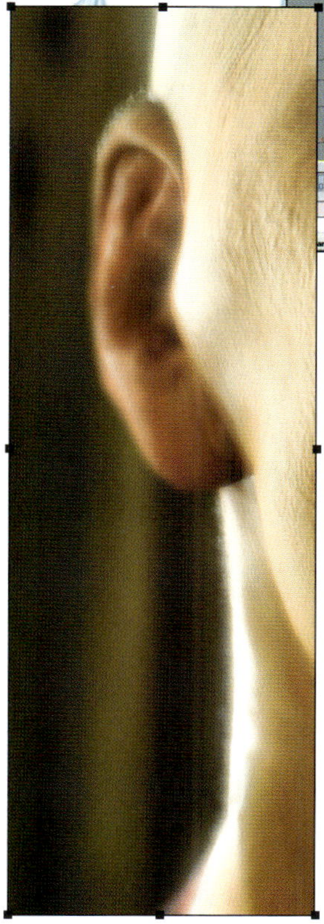

Les cheveux sont mappés sur la tête avec le reste du visage. 3ds max ne propose pas pour le moment de plug-in professionnel pour le rendu des cheveux et de la fourrure. Shave and haircut est attendu avec impatience et devrait être compatible avec Brazil.

Pour le rendu final, il faut augmenter l'échantillonnage jusqu'à P3 (menu Image sampling), ne pas activer la profondeur de champ, très gourmande en temps et en mémoire, et augmenter l'illumination globale jusqu'aux valeurs min = 1 et max = 2.

Le fichier de sortie est au format .rla qui permet de garder les informations du canal Alpha et du canal Zbuffer. Les options de profondeur de champ sont disponibles lors de la sauvegarde de l'image et apparaissent automatiquement après l'acceptation du nom de fichier. À l'aide du plug-in Lenscare de Frischluft, on peut facilement modifier la profondeur de champ dans Photoshop ou Combustion. L'intérêt de calculer une image en .rla est de pouvoir changer en temps réel les endroits de l'image où vous voulez que la netteté soit faite.

Sur un PC standard de grande surface, cette image est calculée en 15 minutes environ, au format PAL.
Pour ce test, j'ai limité au mieux la postproduction pour la composition de l'image, mais lors d'une production animée, il est préférable de rendre plusieurs calques pour les ombres, les caches, les effets de particules ou de lumières. Cela évite de tout recalculer en cas d'erreur ou de changement d'avis sur une des composantes de l'image. En production, il faut industrialiser le processus de création, notamment pour gagner un maximum de temps de calcul ; cela peut paraître éloigné des préoccupations premières d'un créatif... L'avenir s'annonce de plus en plus radieux pour les amoureux de la 3D, avec l'arrivée de processeurs surpuissants qui engendreront des applications encore plus gourmandes...

Faire une image sympa et amusante pour mettre en page d'accueil de mon site, tout en apprenant des techniques de modélisation et des méthodes de rendu sur 3ds max, tel était mon but en commençant ce projet.

atelier 08

MICHEL **ROGER**

Matériel utilisé

- PC Athlon 1GHz - 512 Mo - Carte 3D Geforce 4
- Tablette graphique Wacom Intuos A5
- Scanner Agfa SnapScan 1236s

Little A & K

Logiciels utilisés

- 3ds max 5
- Brazil 1
- Photoshop 7
- Painter 7

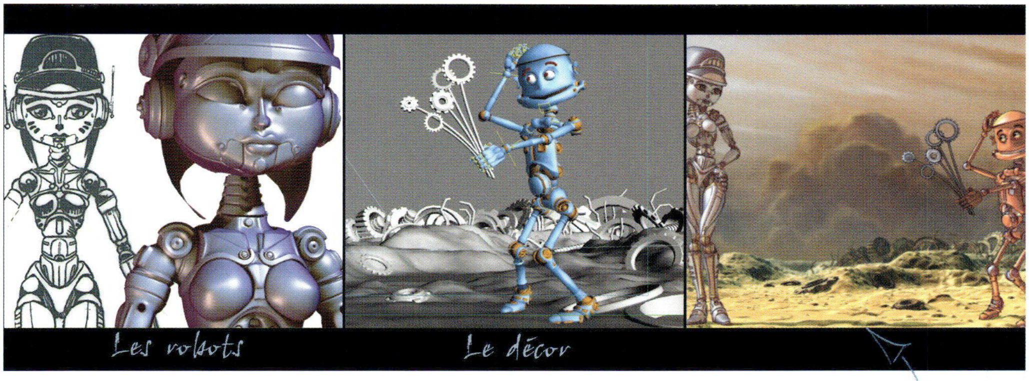

À la base, j'avais réalisé le petit robot orange (Little K) dans le but d'apprendre l'animation, mais j'ai assez vite abandonné cette direction, préférant plutôt me consacrer à la réalisation d'images fixes en essayant de sortir des sentiers battus de l'image de synthèse « photo réaliste ». Très vite, je lui ai associé une petite amie, Little A. J'aime bien donner un nom à mes personnages ; en général, il vient comme ça et ce dès la phase de design papier. Mes personnages « vivent » déjà en moi, il ne reste plus qu'à les concrétiser en image de synthèse. Il s'agissait ensuite de les rassembler dans un décor qui servirait de page d'accueil pour mon site Web.

La réalisation d'une image comme celle-ci prenant du temps, j'essaie de profiter de l'occasion pour apprendre et expérimenter autant de choses que possible, tant d'un point de vue technique qu'artistique. C'est la démarche que j'adopte pour tous mes travaux personnels.

L'image est comme une scène de (théâtre, **avec un ton humoristique**

contrastant avec l'hostilité du décor et le ciel menaçant...

Étape 1

Modélisation de Little A

Pour le robot féminin, je voulais créer quelque chose de « mignon » mais assez poussé dans les détails. Quelques dessins préparatoires sont alors indispensables.

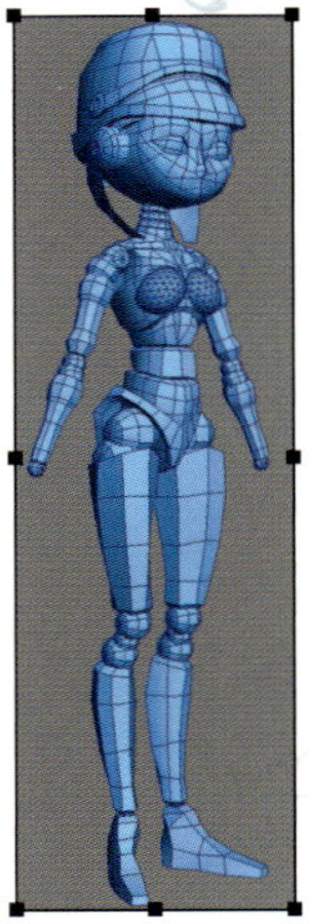

À partir de ce design en vue de face, j'ai modélisé une version simplifiée du personnage pour fixer plus précisément les volumes et formes des diverses pièces. Je recommande cette méthode lors de la modélisation d'objets complexes, une ébauche 3D vite faite permet déjà de lever pas mal d'interrogations sur l'aspect de l'objet final.

Lors de la construction des pièces du robot, je me sers de l'ébauche comme d'un gabarit 3D. Ici, j'ai adopté une méthode par extrusion d'*edge*, en plaçant les éléments importants, en l'occurrence les positions des perçages, et en les reliant aux extrémités de la pièce.

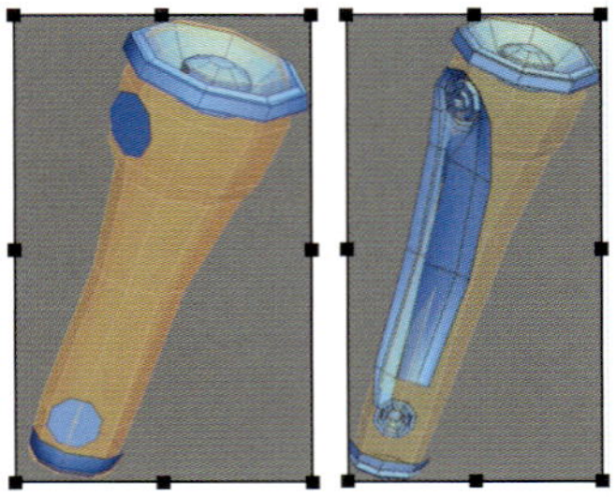

L'avant-bras

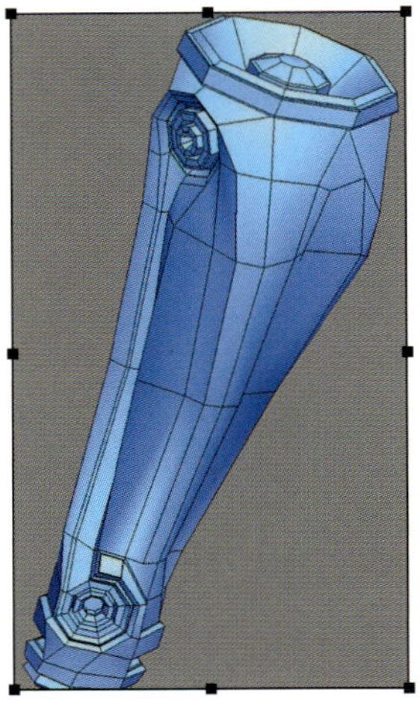

On forme ainsi une peau plutôt que de travailler en volume comme avec l'extrusion de faces (méthode appelée aussi Box modeling).
Cette méthode s'est montrée très agréable et surtout rapide pour la construction des nombreuses pièces du robot.

La quantité de détails est disproportionnée par rapport à ce dont j'avais besoin pour l'image finale, mais c'était l'occasion de voir si j'étais capable de réussir rapidement avec cette méthode de construction.

Pour des pièces assez complexes comme le buste, je n'imagine guère pouvoir facilement réaliser une modélisation en partant d'un cube, en extrudant des faces et en insérant des vertex partout avec l'outil Cut edge.

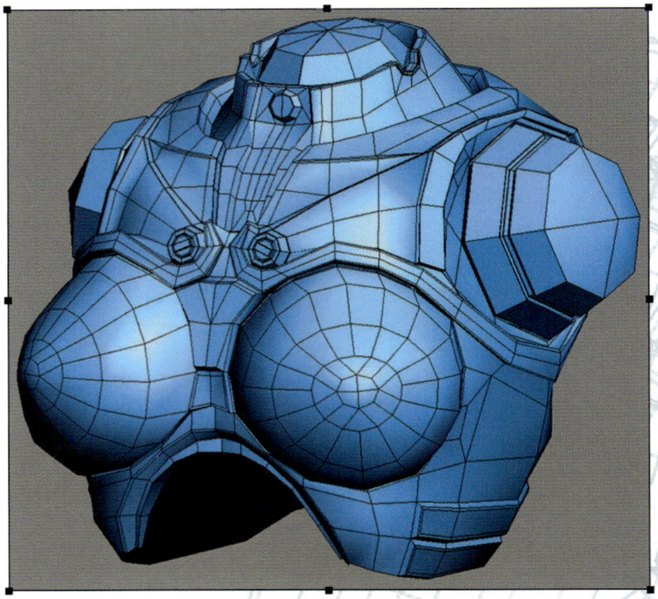

Étape 1

J'ai donc simplement commencé par placer les lignes principales de l'objet, puis j'ai rempli les espaces. On a ainsi dès le début une bonne vision des volumes et des formes, un peu comme une charpente métallique d'un immeuble.

Bien sûr, dans les vues de 3ds max, je ne travaille que sur une version basse définition de l'objet et le lissage ne se fait grâce au modificateur MeshSmooth en mode Nurms que lors du rendu.
Pour un résultat optimal, il est souhaitable d'avoir une géométrie ne comportant que des faces à quatre côtés, même si quelques triangles dans des zones dissimulées peuvent simplifier la tâche.

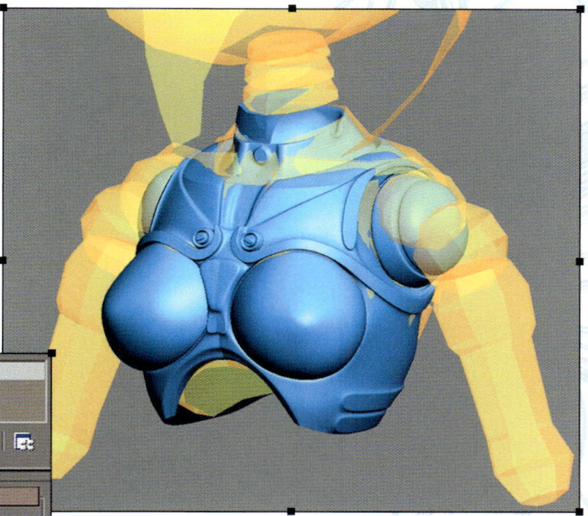

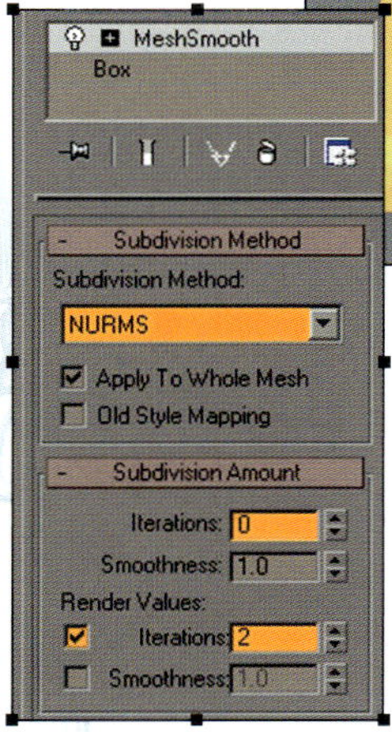

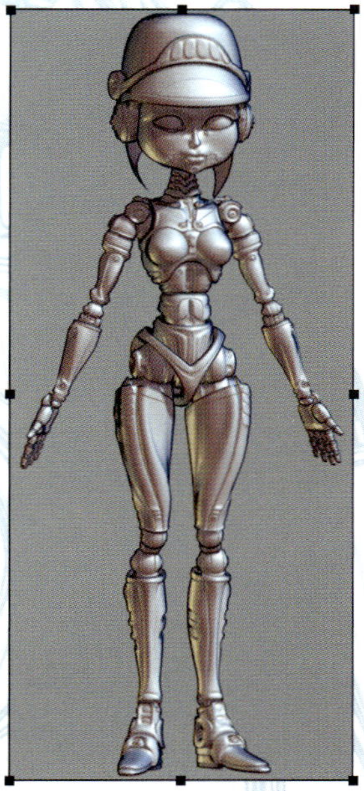

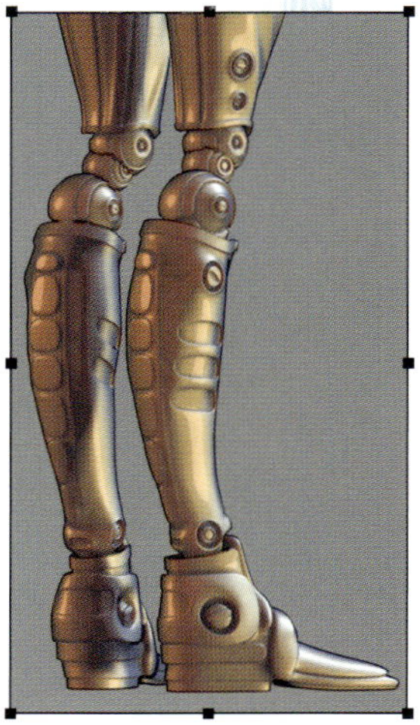

Une fois toutes les pièces modélisées, j'effectue des rendus de contrôle avec divers éclairages et matériaux pour vérifier l'aspect du modèle. Ces rendus sont archivés et je les consulte quelques jours plus tard avec un peu de recul, ce qui permet de faire des retouches ici ou là. ■

Étape 2

Modélisation de Little K

Little K avait été modélisé à l'origine sur Maya 3, pour m'initier à ses outils de modélisation polygonaux, puis importé dans 3ds max 4 et enfin finalisé sur 3ds max 5. Son design est beaucoup plus simple que celui de Little A ; il fait un peu primitif dans sa conception, c'est le côté amusant du personnage qui est mis en avant.

Sa construction utilise la méthode classique du Box modeling, avec extrusion de face et insertion d'*egdes* avec l'outil Cut edge, en partant ici d'une primitive Sphère, les articulations étant de simples rotules.

J'ai également réalisé quelques croquis très rapides pour définir le look général du robot ou certains de ses détails – c'est indispensable lorsqu'on veut obtenir un bon résultat au final. Il est illusoire de penser tout avoir en tête et de pouvoir se lancer de but en blanc à modéliser en 3D. Parfois, des idées me viennent pendant la construction et je m'écarte un peu du design initial ; parfois, je dessine un rendu par-dessus pour affiner un détail ou incorporer une modification. Il faut aussi savoir se libérer d'un design papier si l'inspiration vous vient. ■

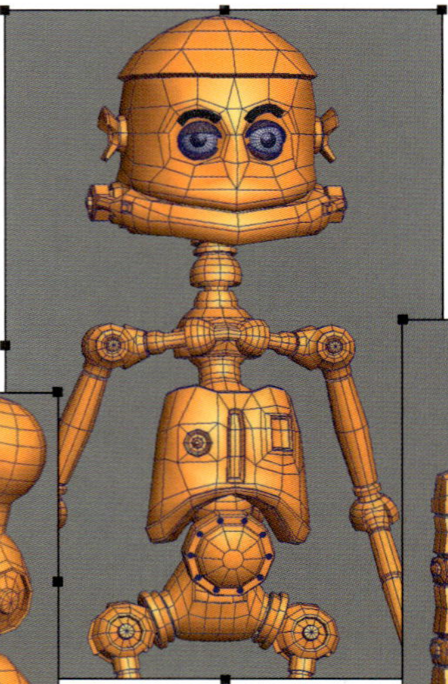

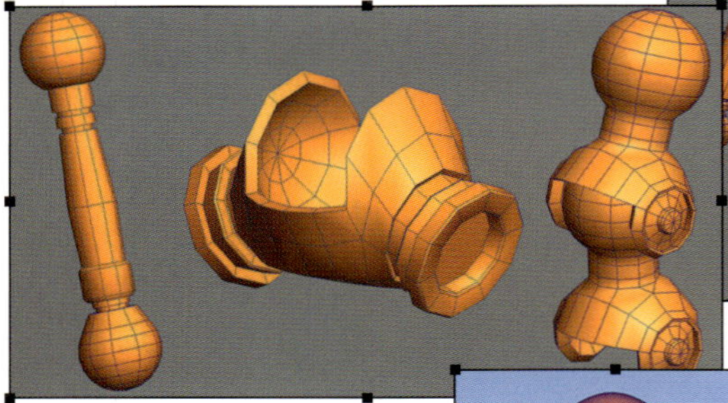

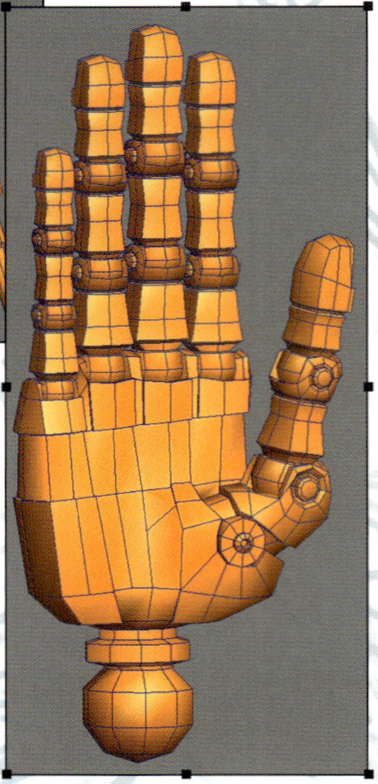

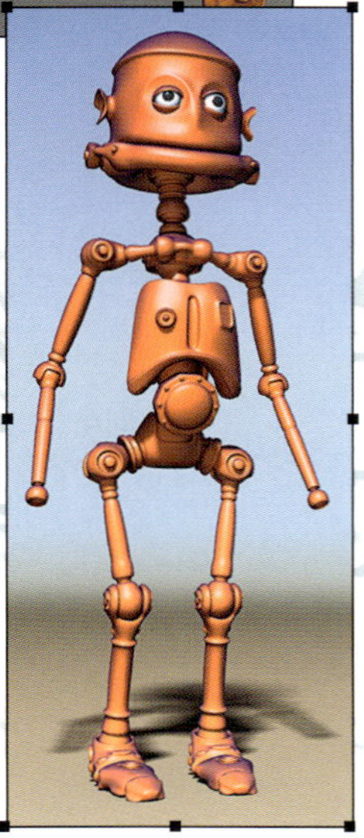

Étape 3

Matériaux et squelettes

Une fois les personnages achevés, il est temps de préparer l'implantation des matériaux. Ici c'est très simple : pas de textures mais des matériaux colorés. Pour l'instant, je me contente d'assigner des couleurs arbitraires aux faces recevant les divers matériaux, cela permet de bien repérer les éventuelles erreurs de sélection. Il sera toujours temps d'éditer les matériaux lorsque les personnages seront mis en scène et que les éclairages seront posés.

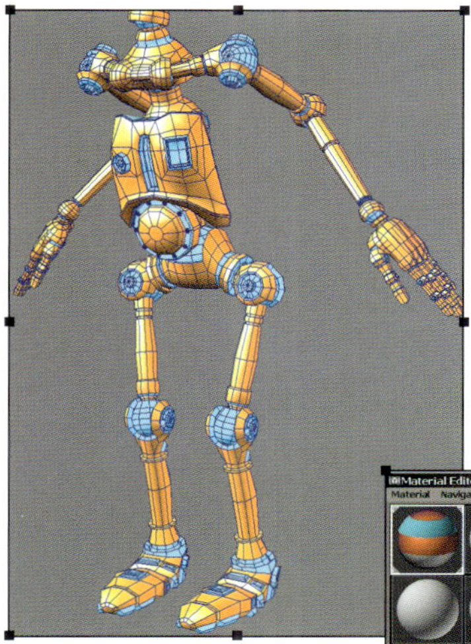

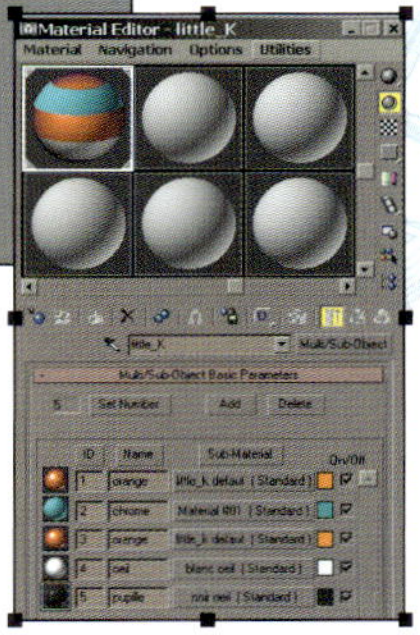

Il faut assigner un squelette au modèle pour pouvoir lui donner facilement une pose. Ici aussi c'est simple, car il suffit de lier chaque pièce à un bone avec la fonction Select and link.

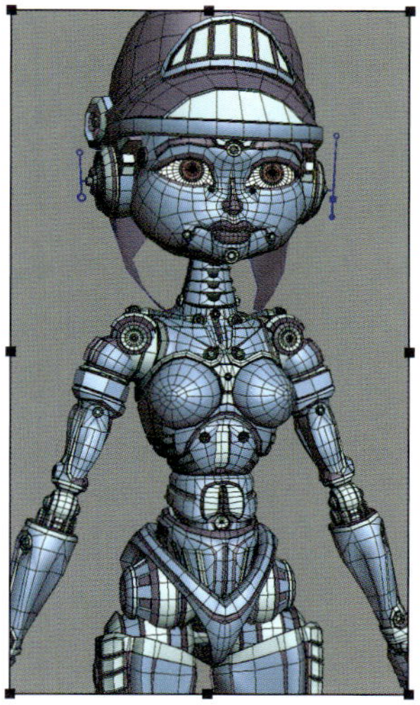

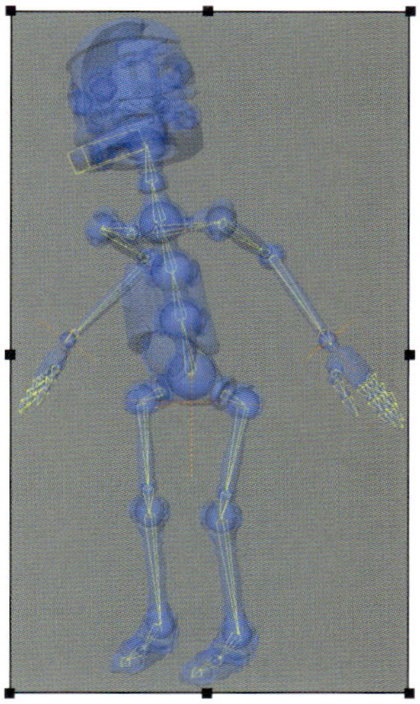

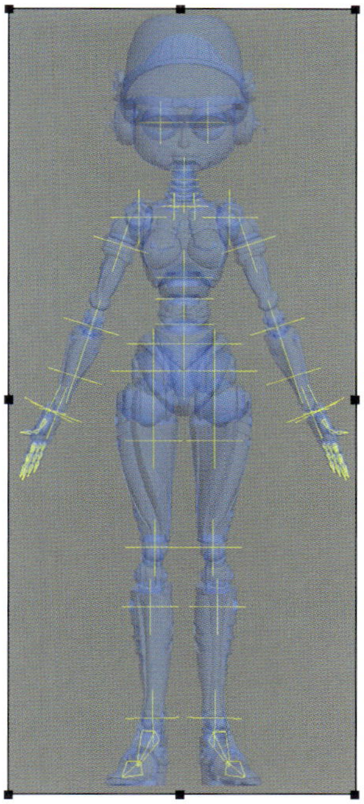

Dans le cas de Little A, j'ai préféré utiliser des objets Points à la place des objets Bones, plus faciles à positionner sur les articulations. De même, pas de complication avec de la cinématique inverse (Inverse kinematic) : ici tout est en cinématique directe (Forward kinematic)

Étape 4

Mise en place de la scène

Un croquis permet de définir les grandes lignes de l'image à produire. Celle-ci se présente comme une scène de théâtre avec les robots au premier plan, une étendue désertique parsemée de débris de machines et, au loin, une sorte de décharge. Dès cette étape, on sait comment va s'orienter la modélisation de l'ensemble et, surtout, comment on va s'organiser pour le rendu.

Je comptais sur cette scène pour tester un rendu par passes, c'est-à-dire non pas un rendu de la totalité de l'image, mais plusieurs rendus correspondant à chaque élément (personnages, décor de premier plan, arrière-plan, objets, etc.). Cela peut paraître fastidieux et inutile, mais c'est très efficace pour mettre au point une ambiance ou repousser les limites de la mémoire vive dont on dispose.

L'usage de la mémoire est maximalisé pour chaque passe alors que la scène entière ne pourrait pas être calculée avec le même niveau de détail...

Dès cette étape, on sait comment va (s'orienter la modélisation

de l'ensemble et, surtout, comment on va s'organiser pour le rendu.

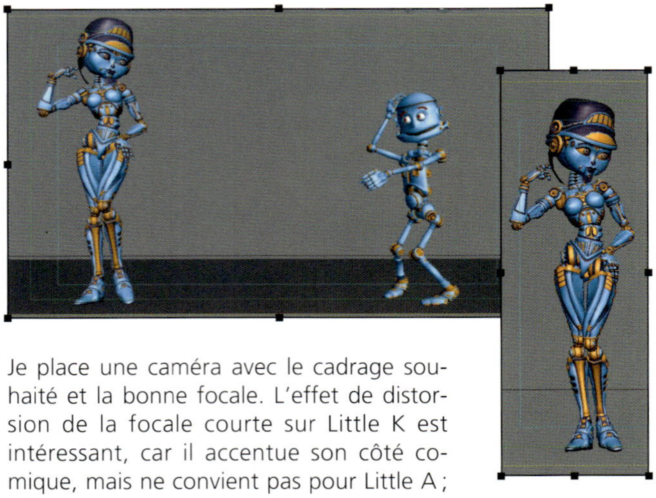

Je place une caméra avec le cadrage souhaité et la bonne focale. L'effet de distorsion de la focale courte sur Little K est intéressant, car il accentue son côté comique, mais ne convient pas pour Little A ; il faut alors associer une deuxième caméra réglée pour elle. Là encore, un rendu par passes uniquement avec Little A résout le problème.

Le décor se découpe en plusieurs zones : en rouge, celle des personnages – avec un maximum de détails –, en vert, l'arrière-plan avec des détails moyens, et en bleu, la zone sans aucun détail, juste là pour assurer le calcul cohérent des réflexions (chromes par exemple).

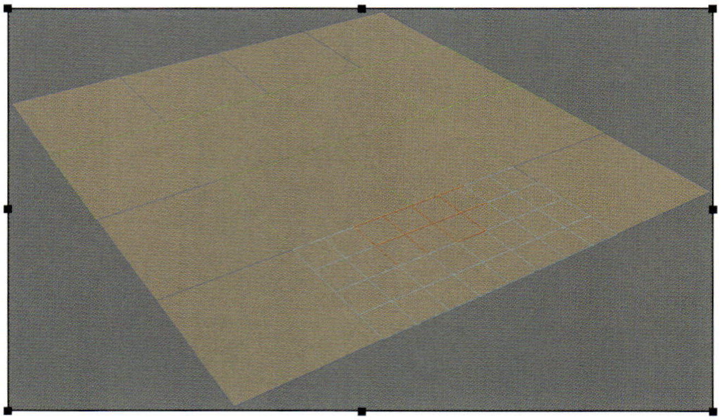

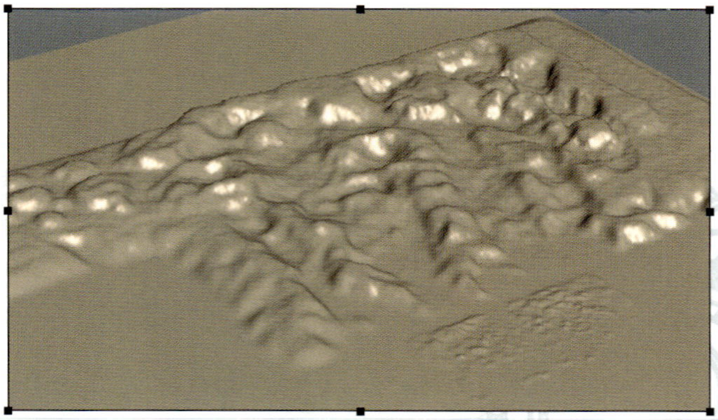

Étape 4

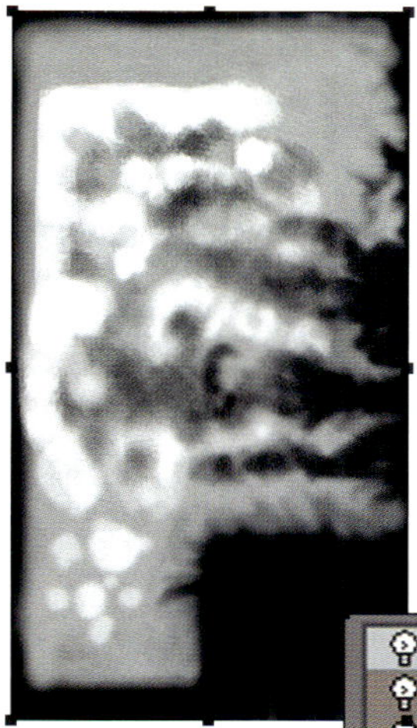

Le relief est réalisé grâce à une grille dont on déforme d'abord le maillage avec un modificateur Displace. Le degré de déformation est donné sur une image en niveaux de gris (blanc = bosse, noir = plat).

L'effet est directement visible dans les vues de 3ds max, ce qui permet de rapides mises au point sur le fichier bitmap.

L'outil Displace est donc comme un bump, mais au lieu d'être un trompe l'œil en 2D, il déforme réellement la géométrie. Il est très coûteux en mémoire sur 3ds max, mais un rendu par passes permet de contourner le problème.

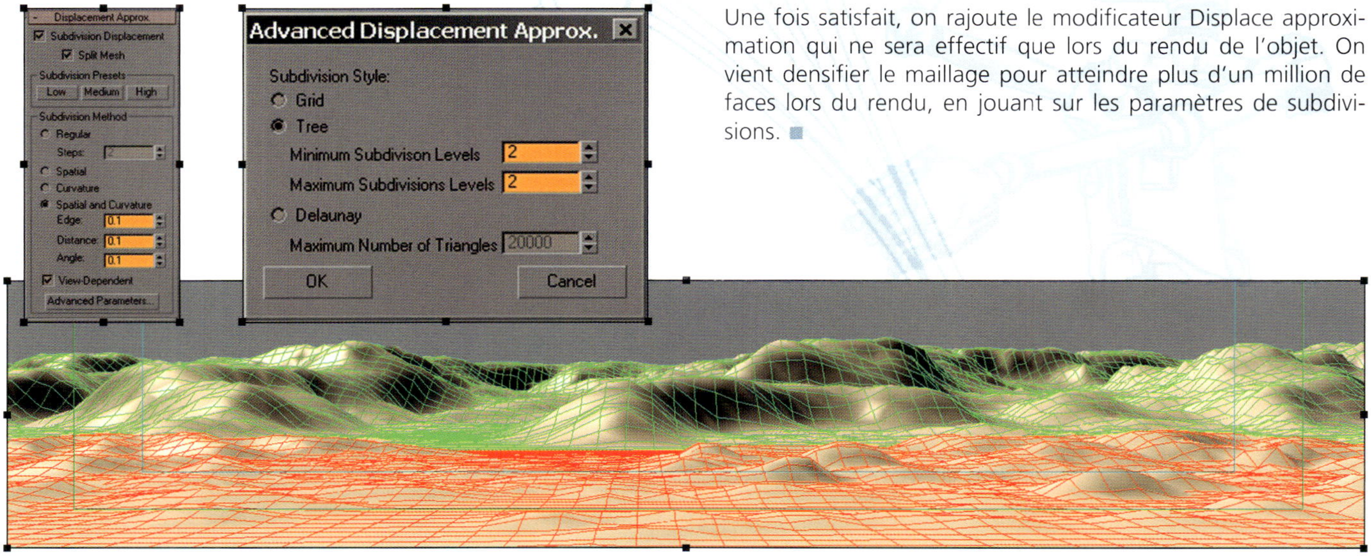

Une fois satisfait, on rajoute le modificateur Displace approximation qui ne sera effectif que lors du rendu de l'objet. On vient densifier le maillage pour atteindre plus d'un million de faces lors du rendu, en jouant sur les paramètres de subdivisions. ■

Étape 5

Finalisation du décor

Little K offre un bouquet d'engrenages à Little A, il faut donc le justifier en créant une décharge d'engrenages. Pour cela, je suis parti de primitives Tubes et Cylindres, j'ai fait des extrusions de faces, puis j'ai rajouté des détails avec les outils Chamfer et Bevels.

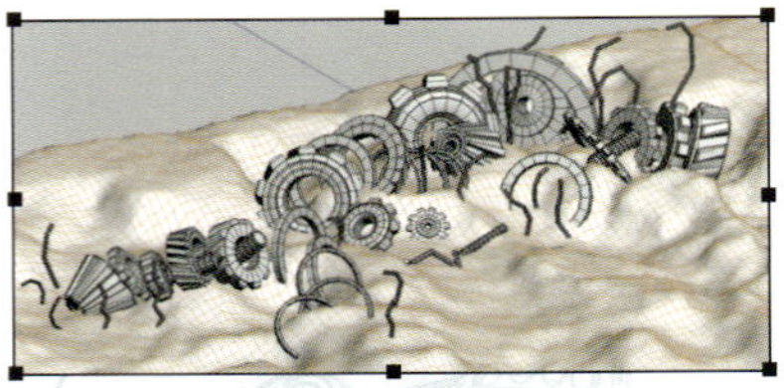

Les tiges métalliques sont en fait des splines dont j'ai activé les paramètres de rendu, c'est plus simple dans ce cas que de passer par des objets Loft.

Les nouveaux outils des polygones de 3ds max 5, comme les Select edge loop, ont fait merveille pour la réalisation des engrenages.

Les engrenages faits pour la décharge ont bien entendu également servi aux « fleurs » du bouquet de Little K.

Ces objets seront lissés au rendu avec le modificateur MeshSmooth en tenant compte des groupes de lissages pour conserver des arêtes dures.

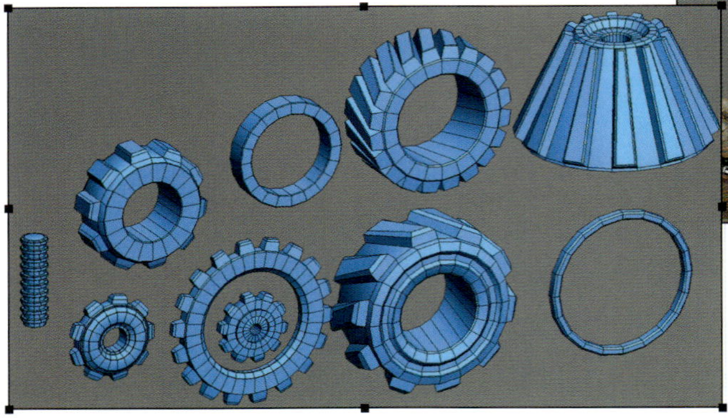

Ensuite, avec un peu de patience, on pose les objets avec un désordre harmonieux en s'aidant d'une vue User pour le placement et de la vue Camera pour vérifier l'aspect. Les outils Rotation et Scales, uniformes ou non, permettent de rajouter encore de la diversité.

Quand le gros de décor est fait, je place l'éclairage principal, à savoir ici une lampe Target direct pour simuler la lumière du soleil venant de la gauche ; je le complète par une lampe Omni placée sous le sol, simulant la réverbération du sable, et une troisième source, toujours une lampe Omni, pour l'éclairage d'ambiance dû au ciel. ■

Étape 6

Les matériaux

Texturer l'ensemble des engrenages est rapide à faire en utilisant un mapping Environ screen, c'est-à-dire que c'est le point de vue de l'image qui donne les coordonnées de mapping aux objets. Il suffit de peindre par-dessus l'image du rendu, par exemple sous Painter ou sous Photoshop en s'aidant d'un calque.

Cette technique est surtout (intéressante **pour des images** *fixes ou avec peu de mouvement.*

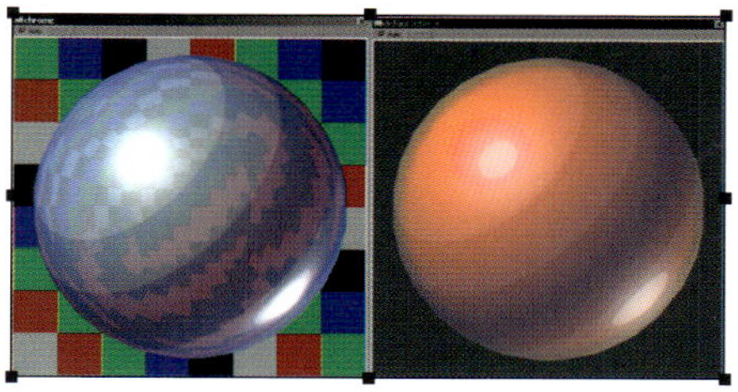

Pour les personnages, j'ai opté pour un *shader* Shellac dont une composante est un shader Translucent et l'autre un shader Cell-shading ou Cartoon – à savoir, celui du moteur de rendu Brazil (même rendu que celui de 3ds max mais plus rapide). Ce type de matériaux permet de donner un côté « dessin animé » aux personnages, mais sans le côté « plat » que cela suppose.

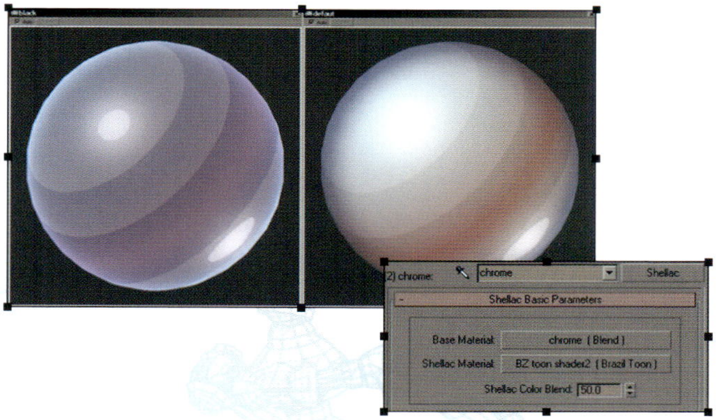

Le sol du désert est un matériau regroupant des textures procédurales 3D qui n'ont pas besoin de coordonnées de mapping. Notez le canal Displace qui va permettre de rajouter un effet de sol parsemé de cailloux, avec le concours du modificateur Displace approximation.

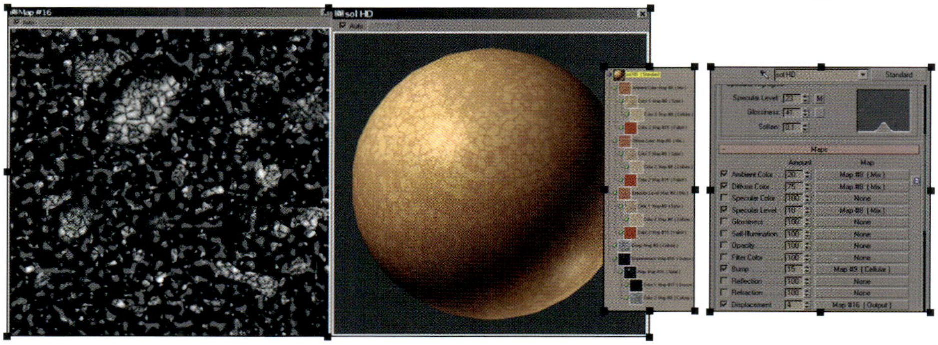

Étape 7

Le rendu par passes

L'intérêt ici de calculer l'image en plusieurs parties est multiple. En premier lieu, l'usage de la fonction Displacement pour le sol, ainsi que le nombre important de faces après lissage de Little A, ne permettent pas de lancer le rendu dans de bonnes conditions avec 512 Mo de RAM. En faisant un rendu par objet, on s'affranchit de ce problème.

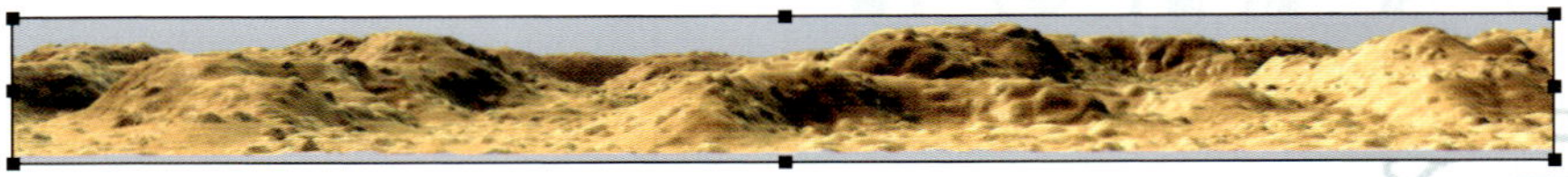

Un éclairage unique pour le décor et les personnages est un casse-tête, aussi y a-t-il trois systèmes d'éclairages (décor, Little A et Little K) composés à chaque fois d'une lampe Target direct pour les ombres et d'une ou de deux lampes Omnis en appoint. Brazil fournit en plus, pour les personnages, un Dome light pour créer une lumière diffuse. Le moteur de rendu Scanline de 3ds max est utilisé pour le décor.

Mettre au point finement l'ambiance ou la couleur des ombres est aussi lent et fastidieux avec un rendu unique ; cela devient un jeu d'enfant en séparant tous ces éléments.

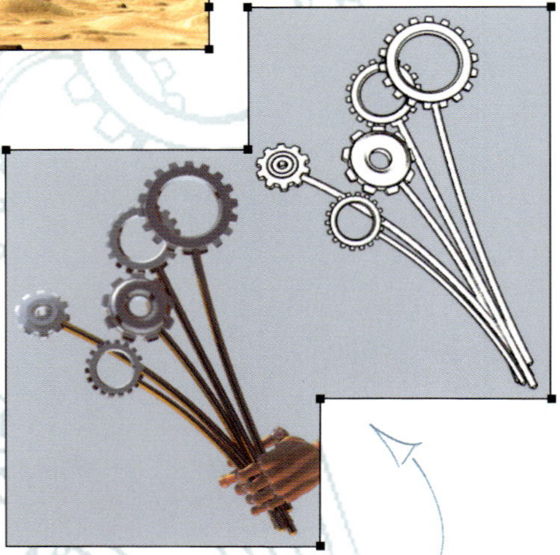

Le bouquet a été refait à la fin ; il a suffi de calculer uniquement cette partie et non toute l'image, d'où, là encore, une certaine souplesse de travail...

De même, le dosage des shaders Cell-shading et des matériaux classiques est délicat, donc il vaut mieux séparer les rendus et tout assembler sur Photoshop.

Étape 7

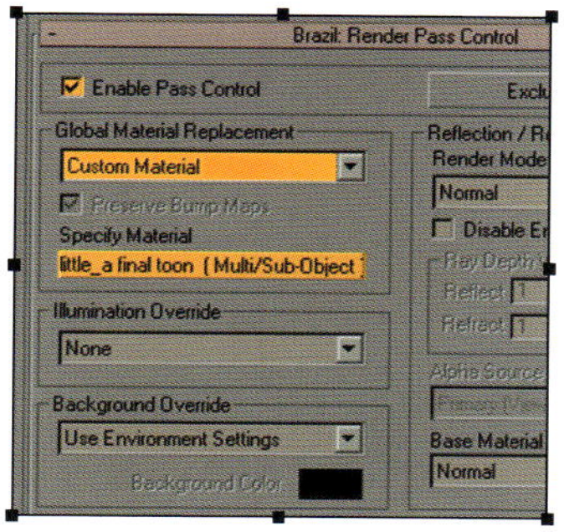

Brazil, qui est un moteur de rendu plug-in pour 3ds max, permet de remplacer un matériau par un autre (au moment du rendu seulement), option que j'ai beaucoup utilisée pour substituer les matériaux classiques par un matériau Cell-shading (personnages et engrenages).

Les engrenages ont été rendus en plusieurs passes, une passe pour la texture bitmap, une passe pour le shader Cell-shading et enfin une passe pour le détourage de ces derniers par rapport au sol.

Les ombres sont également rendues à part, pour en maîtriser facilement l'opacité et la couleur.

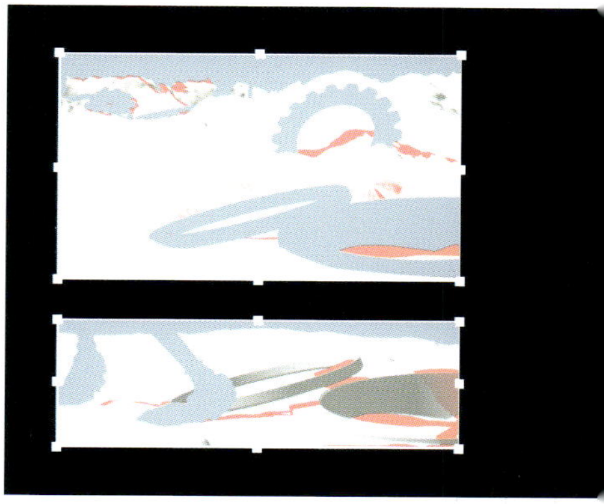

Enfin, on effectue un rendu destiné à récupérer les informations de profondeur de la scène (Z-Depth), qui servira à réaliser un flou de mise au point ou un brouillard.

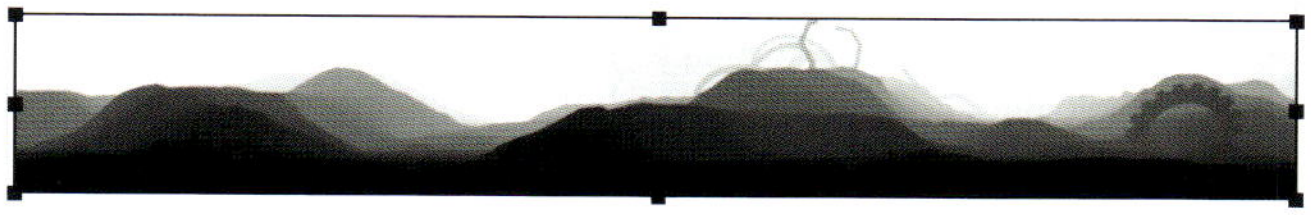

Un des avantages du rendu par passes est que l'on peut aussi utiliser plusieurs moteurs de rendu suivant les besoins (ici 3ds max en rendu Scanline s'est montré plus rapide que Brazil pour les calculs des ombres de type Shadows maps sur le décor displacé, et inversement pour le shader Cell-shading).

Étape 8

Montage et réglages

Voilà peut-être, de mon point de vue, la partie la plus excitante de la création d'une image, le moment où les éléments se rassemblent pour former un tout. C'est à cette étape-là aussi que si quelque chose ne va pas, il suffira de modifier et de recalculer uniquement la partie incriminée.

Chaque image a été enregistrée au format TGA 32 bits pour prendre en compte l'Alpha Channel et permettre de récupérer les informations de transparence là où rien n'a été calculé. Photoshop 7 a la bonne idée de transposer l'Alpha Channel des TGA directement sur un calque, ce qui accélère encore le montage des diverses passes de rendu.

Je range dans un dossier à part les images qui n'entrent pas dans le résultat final, mais qui servent à récupérer une sélection ou tous les rendus Z-Depth par exemple.

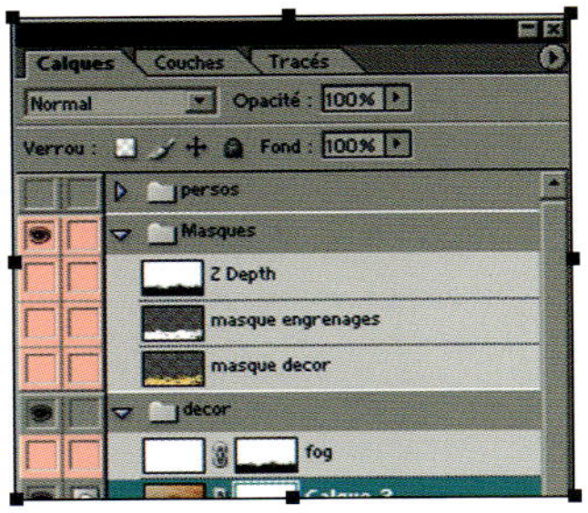

Pour s'y retrouver, il vaut mieux prendre (soin de nommer *les calques des images et de ranger décor et personnages dans des dossiers.*

Montage brut de rendu ; il est temps d'améliorer tout ça...

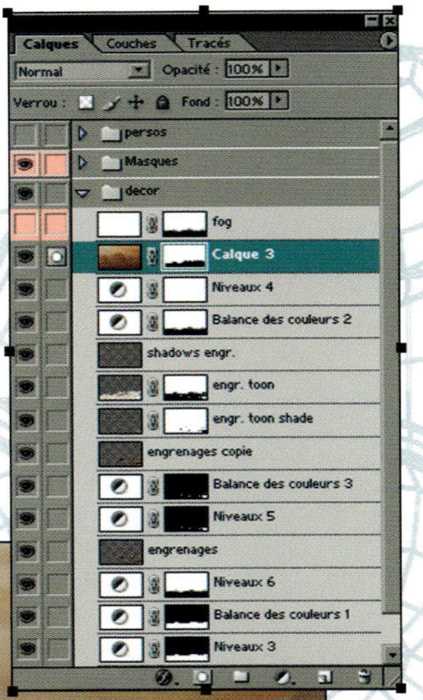

Avec l'aide des calques de réglages et des masques de fusion pour intervenir où l'on veut, c'est un plaisir de retoucher la chromie, l'opacité des ombres ou leurs couleurs, de rajouter un flou sur le lointain ou encore un léger effet de brouillard en fonction de la distance.

Étape 8

Après avoir ajusté l'aspect du décor, c'est au tour des personnages – avec quelques corrections de niveaux et d'opacité du rendu Cell-shading.

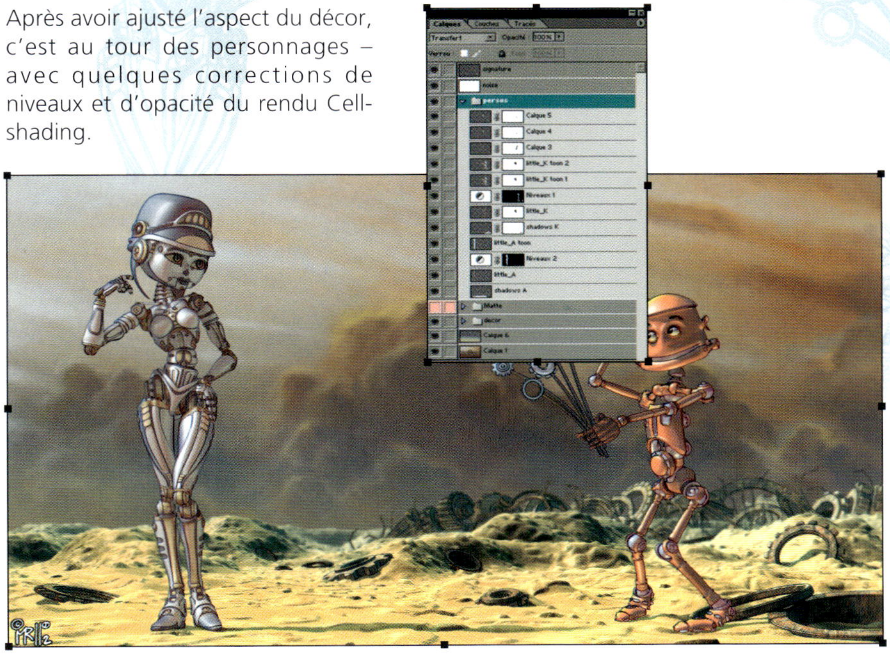

Voilà l'image terminée. On oublie maintenant le temps passé ou perdu à faire des tests d'éclairage, de matériaux ou de méthodes, et l'on se dit que la prochaine fois on ne refera pas les mêmes erreurs, qu'on ira plus vite. Mais bien sûr, on testera encore d'autres choses, on essaiera de contourner d'autres problèmes techniques pour, en définitive, y passer autant de temps ! C'est en fait cela qui m'amuse dans l'image de synthèse : découvrir et ruser encore et toujours pour s'affranchir de limites matérielles ou techniques et, au final, donner à voir de belles images en faisant oublier la cuisine qu'il y a derrière...

Je finalise également le ciel, qui a été fait sur Photoshop, et qui est le seul élément non calculé de l'image.

À ce stade, laissez reposer le travail une nuit ou deux puis, avec un peu de recul, procédez à d'éventuels ajustements.

Comme en peinture, la nature morte
est un exercice de style qui se révèle
être une véritable école de rigueur.
Elle permet de se concentrer sur
l'essentiel de l'image : sa composition.
Elle apporte aussi beaucoup
de satisfaction quand la technique
se fait oublier au profit de la seule
émotion dégagée par l'image.
Peu importe le logiciel ou le matériel
utilisés, seul compte le plaisir
de créer et le résultat final.

atelier 09

STÉPHANE **WIEDERKEHR**

Matériel utilisé
- PC Pentium 3 450 MHz
- 256 Mo de RAM

Logiciels utilisés
- 3ds Max 2.5
- Photoshop 5

Bougies

Image finale

Animateur 3D, je travaillais à l'époque de cette image sur les animations du jeu *Alone in The Dark* au sein du studio Darkworks. Cette réalisation fait partie d'une série de travaux personnels avec lesquels je délaissais temporairement mes outils d'animateur pour explorer la création d'images fixes.

Je suis parti d'un exercice ayant pour thème la création d'une bougie. Je trouvais que le résultat en terme de rendu était intéressant et, poussant le travail sur la lumière un peu plus loin, j'ai cherché un moyen d'enrichir l'image de départ. Bien sûr, à ce moment-là, il n'était pas question de *global illumination* ni de radiosité. Je disposais d'une machine peu puissante en regard des performances d'aujourd'hui ou même d'alors. En effet, j'étais équipé d'un Pentium 150 avec 32 Mo de RAM. Il fallait donc trouver le bon équilibre entre mon niveau d'exigence pour l'image, mes compétences, ou plutôt mes limites techniques, et les possibilités concrètes de ma machine.

Avec cette (image, je délaissais mes outils d'animateur *pour explorer la création d'images fixes.*

Étape 1

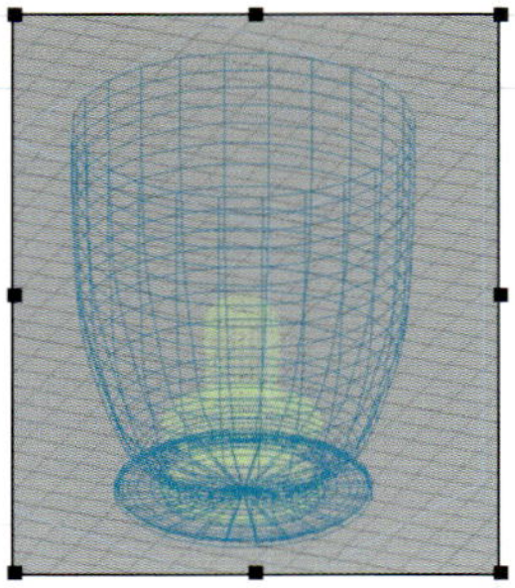

La modélisation

Une simple boîte sert à modéliser le sol ; pour le mur de pierre en arrière-plan, on crée une boîte chanfreinée sur laquelle on applique un modificateur Bruit (Noise).

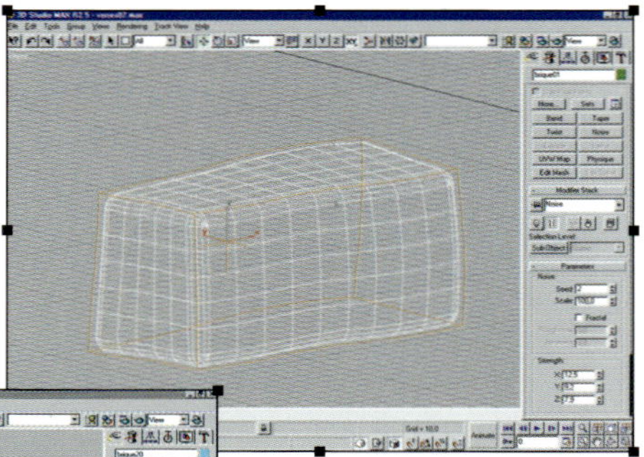

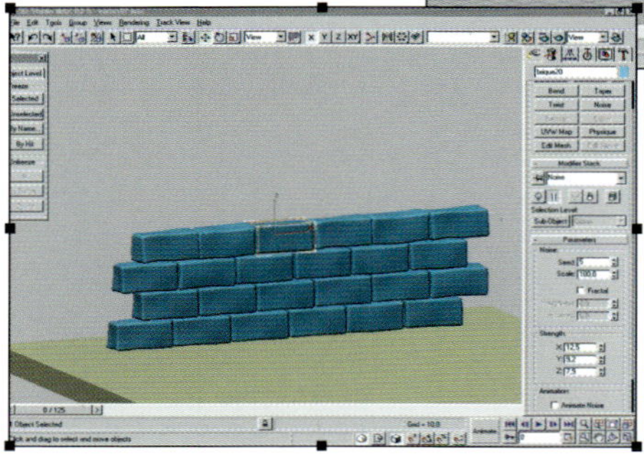

On la déplace ensuite en appuyant sur la touche Maj pour générer des copies pour faire le mur ; on modifie le paramètre Seed de chaque modificateur afin d'obtenir des copies différentes.

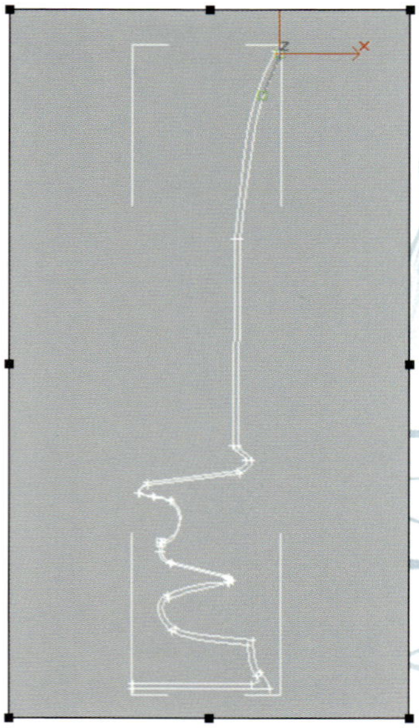

Le verre principal est créé à partir d'une ligne 2D modifiée en mode Sous-objets. On édite et on déplace les sommets pour donner la forme voulue.

La courbe est épaissie avec la commande Outline en mode Sous-objet >Spline ; j'applique le modificateur Révolution (Lathe) pour avoir un volume en 3D. Avec l'idée d'enrichir l'image, j'ajoute deux verres, une bouteille et une forme à l'intérieur du deuxième verre pour jouer sur différentes épaisseurs et obtenir une surface réfléchissante supplémentaire.

Je facilite les manipulations ultérieures, en créant un groupe pour ces deux objets.

Un cylindre Nurbs dont je tire les points supérieurs pour obtenir un aspect irrégulier suffit pour la bougie ; un second, courbé avec le modificateur Courber (Bend), sert de mèche. Je dessine une ligne 2D pour la forme de la flamme que j'extrude ensuite à plat. Cet ensemble fini est placé dans un hémisphère qui servira de « bocal ».

L'objet Sable est une copie de l'hémisphère précédent que je redimensionne à la taille voulue et que je place à l'intérieur. On applique un modificateur ffd Boîte pour casser la régularité géométrique de l'objet puis un modificateur Bruit. ■

Étape 2

La composition

On va pouvoir maintenant construire la scène avec les éléments préparés dans l'étape précédente. Le principe est simple : on place ces éléments et on les duplique en fonction des besoins. La première chose à faire est évidemment de créer une caméra.

Pour le cadrage, je me réfère à la règle des tiers. En effet, un moyen simple de composer une image consiste à tracer deux lignes verticales imaginaires qui la divisent en tiers, et de placer le sujet sur l'une d'elles. Positionner ce dernier sur l'un des tiers permet de mieux embrasser l'image et également de faire voir les détails ou objets secondaires présents dans la scène.

Sur cette image, le verre (qui est le centre d'intérêt) est placé à droite car cette position est dynamique. J'ai choisi de poser mon horizon sur le tiers inférieur afin de suggérer un espace ouvert sur le ciel. Le tiers supérieur ramène le regard vers le bas et suscite exactement l'impression contraire.
Je place ensuite les bougies autour des deux lignes verticales et proches du tiers inférieur. Il ne faut pas hésiter à prendre une certaine liberté et ne pas coller aux lignes tiers au pixel près...
Chacune des deux flammes se trouve sur l'une des verticales et légèrement en diagonale par rapport au centre horizontal de l'image.

Nous pouvons, en plus des lignes verticales, tracer des lignes horizontales en respectant toujours le principe des tiers. En effet, ces lignes horizontales permettent de placer l'horizon sur l'une d'elles afin de privilégier soit le ciel soit la terre. Les points d'intersections de ces quatre lignes imaginaires déterminent les quatre points d'ancrages forts d'une image. Ce sont les endroits parfaits pour déposer un ou plusieurs sujets. Toutes les combinaisons sont ensuite possibles : en diagonale, en V, etc.

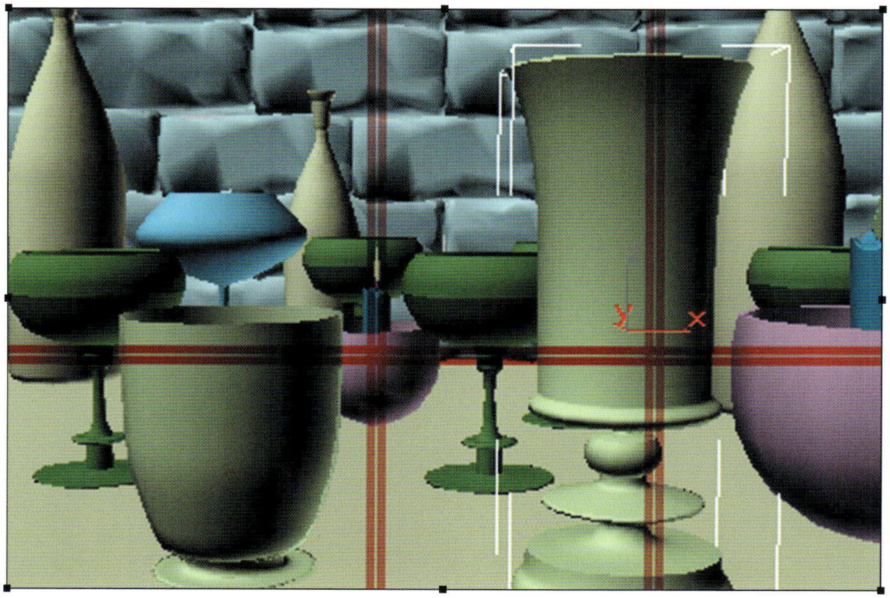

La scène est désormais construite.

Étape 3

Les matériaux

Il sagit maintenant d'habiller nos objets de matériaux de verre. Pour cela, on utilise des matériaux *raytrace* qui permettent de gérer la transparence et la réfraction du verre avec beaucoup de finesse.

Je clique sur la commande Standard pour accéder aux différentes sortes de matériaux et choisir le type « raytrace ».

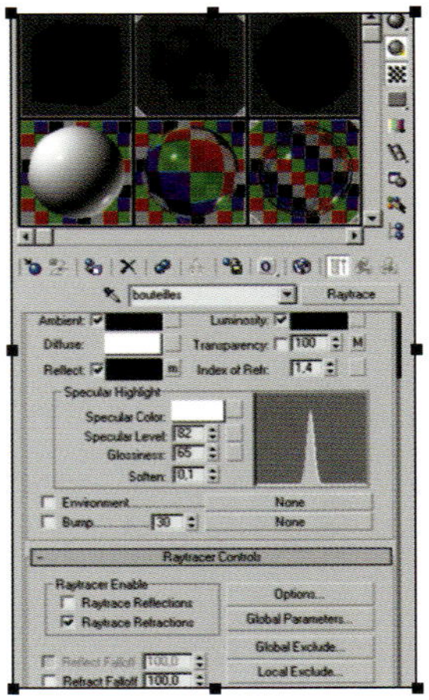

Le matériau raytrace de 3ds max est un matériau formidable, avec ses canaux additionnels de translucidité ou d'extra lighting et ses effets avancés ; il peut en effet donner vie à une large palette de matériaux.

Nous allons également nous contenter des paramètres de *shaders* de base. À partir des paramètres de base, nous appliquons un presque blanc dans le canal Opacité (une couleur noire correspond à une opacité totale et une couleur blanche à une transparence totale). Pour le premier verre, j'ajoute par ailleurs une texture Bruit dans le canal Bump.

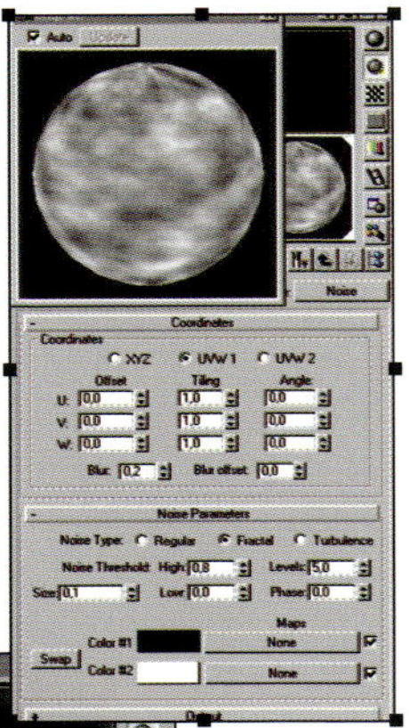

Il est important d'avoir prévu une épaisseur au moment de la modélisation du verre pour que le matériau se comporte de manière réaliste au moment du calcul.

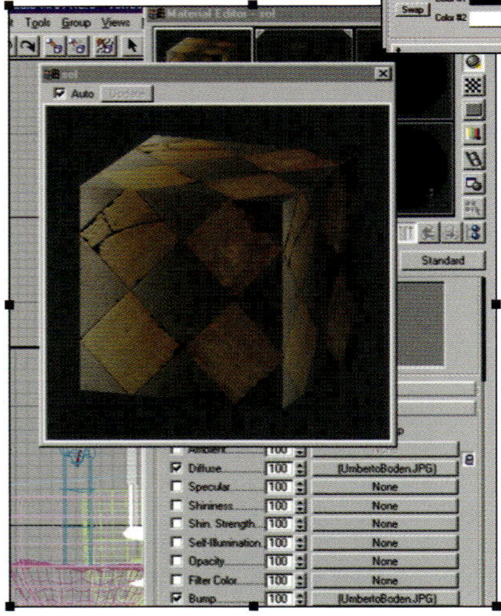

Afin d'optimiser les paramètres des rendus tests, on désactive les options d'antialiasing (anticrénelage) des matériaux raytrace.

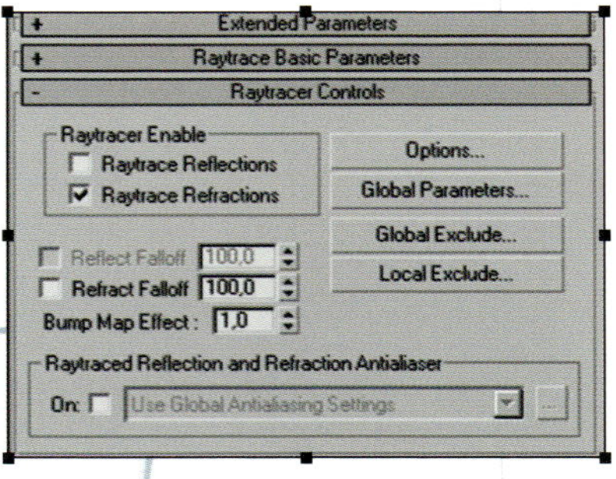

Pour le sol, je vais utiliser une photo de carrelage en canal Diffus. On glisse ensuite cette texture bitmap du canal Diffus dans le canal Bump. Cela donnera au sol un minimum de relief et de réalisme dans son accroche lumineuse. Il ne faut pas oublier d'appliquer des coordonnées de mapping UV avec le modificateur UVW en mode planaire.

Étape 3

Dès que l'on utilise une image 2D, il faut préciser au programme la façon dont elle recouvre l'objet ; la projection planaire indique que l'image s'applique à plat sur l'objet.

La réussite d'un rendu provient pour 50 % du matériau et pour 50 % de l'éclairage, qui marchent main dans la main ; en effet, les différents paramètres d'un matériau réagissent aux lumières présentes dans la scène. C'est seulement avec un éclairage définitif que nous pourrons juger de la pertinence des matériaux et textures choisis.

On va procéder de même avec les briques du mur du fond. Les coordonnées UV sont, par contre, appliquées en mode Box afin d'obtenir une projection planaire sur chaque plan défini par les faces de l'objet. Pour le sable, j'utilise une image bitmap livrée avec la bibliothèque de textures de 3ds max.

Pour la bougie, je vais appliquer un matériau raytrace afin de créer un effet de cire. Pour cela, le canal Translucidité (Translucency) se révèle très utile ; j'y dépose une texture de type Dégradé, de l'orange au noir en passant par un gris moyen.

Une image noir et blanc faite dans Photoshop et glissée dans le canal Bump suffira pour créer les coulures de cire.

La mèche hérite d'un matériau noir et complètement mat ; pour la flamme un matériau standard avec une couleur Diffuse en jaune et le paramètre Auto-illumination à 100 % suffit amplement. (Le canal Auto-illumination permet d'augmenter la saturation de la couleur Diffuse d'un matériau et « d'effacer » les propriétés d'ombrage et spéculaires d'un matériau qui se comporte alors comme une source lumineuse.)

Si nous n'obtenons pas encore de résultat très probant c'est que nous sommes toujours avec l'éclairage par défaut...

Étape 4

La lumière

J'aime la mise en place de l'éclairage en 3D : la lumière va faire ressortir la composition et donner vie aux objets. Il est important de rester rigoureux et de procéder par étape. Les flammes des bougies vont déterminer les sources principales de lumière. Je choisis une lumière de type Omni qui simule au mieux le type de projection d'une flamme naturelle.

Pour chaque bougie, on met en place un set de deux lumières alignées en ligne verticale au-dessus de chacune des flammes. La plus forte en intensité est positionnée au-dessus de l'objet Flamme, tandis que la plus faible se trouve à l'intérieur afin de faire ressortir son illumination. On abaisse leur portée et leurs intensités par défaut pour obtenir un éclairage cohérent et limité à une zone restreinte à chaque bougie, puis on leur attribue une teinte et une couleur chaude, comme un jaune orangé.

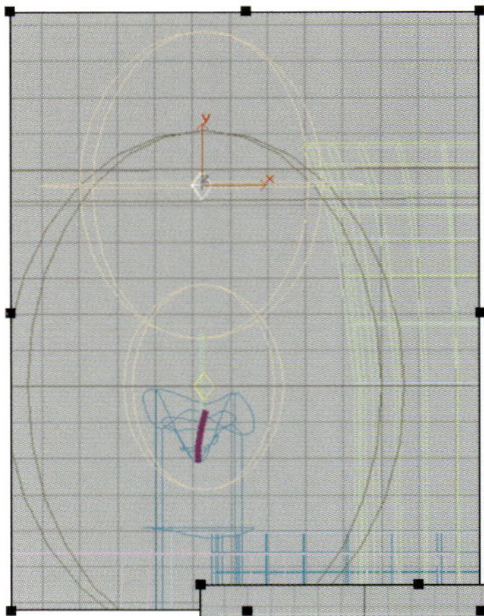

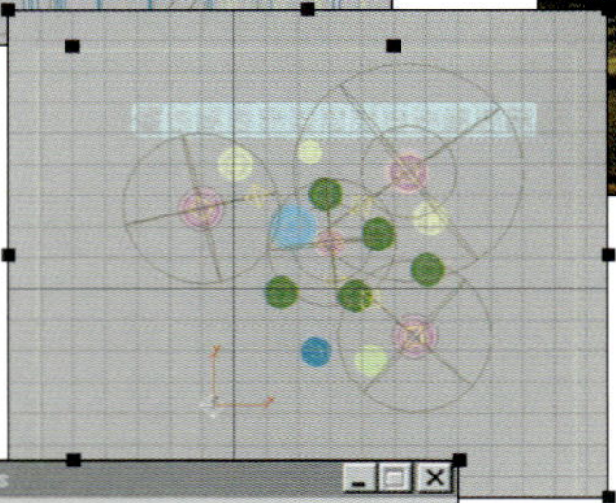

Il faut enfin équilibrer la scène avec une lumière de type Omni qui va éclairer le sol à l'exclusion des autres objets. Elle ne doit pas être trop forte et ne projette évidemment aucune ombre.

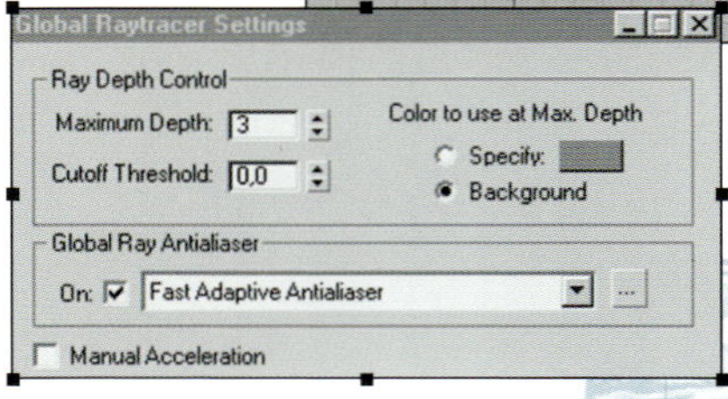

Pour les rendus tests, il faut optimiser la vitesse de calcul. On peut accéder aux paramètres du raytracing via le panneau Raytracer global settings.

Le raytracing lance un rayon depuis la normale de chaque face. Lorsque ce rayon rencontre un objet présent dans la scène, il retourne à son point d'émission. L'onglet Ray depth indique le nombre maximum de rebonds autorisé. Pour des rendus tests, nous pouvons abaisser ce facteur à 3.

On va également vérifier que l'antialiasing des réflexions est bien désactivé (c'est le cas par défaut).
Ces rendus tests permettent de procéder à quelques ajustements du matériau raytrace du verre en ajoutant un jaune pour la couleur des réflexions. ■

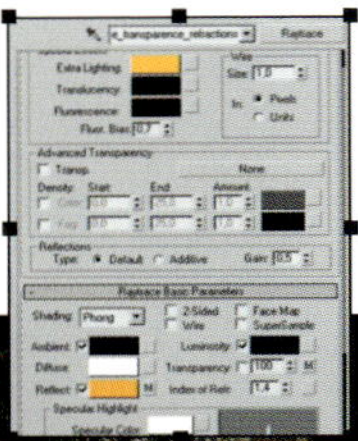

L'image est maintenant presque terminée.

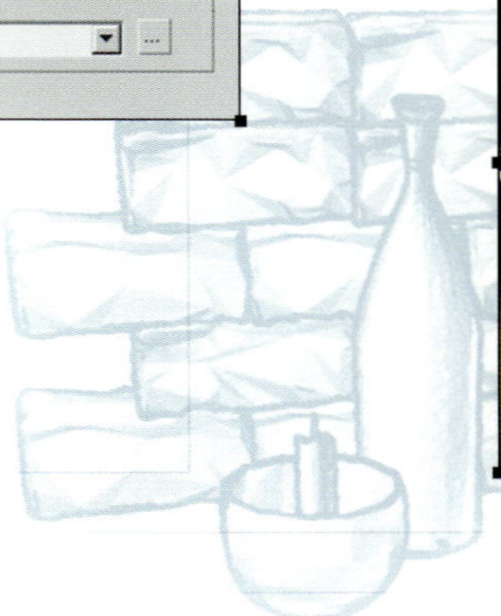

Étape 5

Video post et Photoshop

Pour créer les flammes, on utilise les ressources du menu Video post accessible à partir du menu Rendering ; il offre des possibilités de trucages très intéressantes. Conçu pour calculer plusieurs caméras au sein d'un même fichier .max, le Video post permet d'ajouter des filtres 2D sur une image calculée.
On donne aux objets Flammes une valeur de canal G auquel on accède via le panneau de propriétés des objets. On affecte le chiffre 1 à ce canal ; il permet d'attribuer des effets de *post-processing* 2D aux objets qui en sont pourvus.

Une fois le Video post ouvert, il faut avant toute chose cliquer sur la petite théière pour assigner la caméra en tant qu'événement d'entrée. On applique ensuite un effet de *glow*, puis un effet de *highlight* qui va renforcer l'éclat lumineux des flammes. Enfin, il faut ajouter un événement de sortie au Video post et

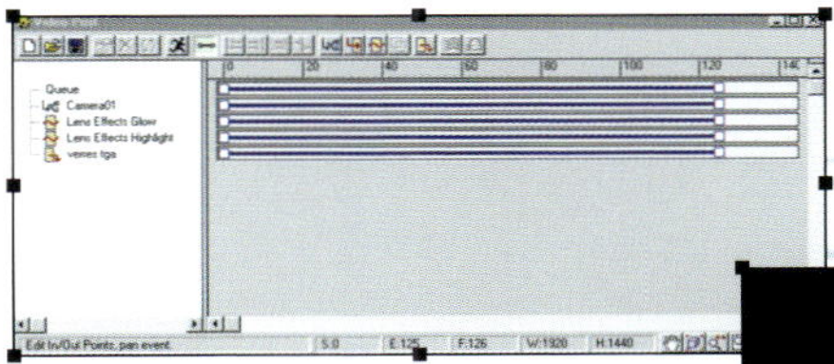

lui indiquer un format d'enregistrement du fichier image. Pour lancer le calcul, il n'y a plus qu'à cliquer ensuite sur l'icône du bonhomme qui court.

Après quelques tests, on obtient une flamme satisfaisante.

Attention, les temps de calcul sont parfois plus lents avec le Video post. Il est donc important de les effectuer en choisissant une résolution minimale et en désactivant les paramètres d'antialiasing.

Enfin, voici venu le grand moment où l'on lance le calcul final.

Afin de finaliser l'image, je vais effectuer les dernières retouches dans Photoshop. Avec le pinceau de flou, je simule de la profondeur de champ en appliquant du flou sur l'arrière-plan de la scène. J'accentue les contrastes et je réajuste les courbes de valeurs RVB pour obtenir la colorimétrie désirée.

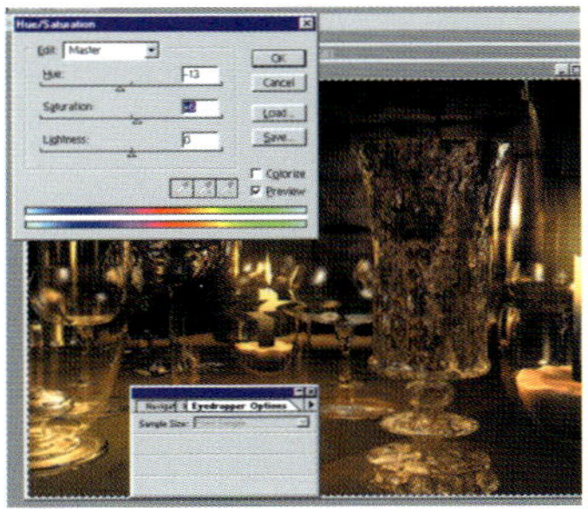

Au final, je n'ai plus qu'à affiner la composition en recadrant l'image.

les auteurs

RENAUD **BELLEFON**

infographiste 3D

Designer de formation, Renaud Bellefon est venu petit à petit à la 3D. Si au départ elle était pour lui un simple outil, la 3D est maintenant son moyen d'expression à part entière. Renaud Bellefon vise aujourd'hui à se faire une place dans le monde de l'animation, en s'attachant à suivre de près les évolutions de ce milieu toujours en ébullition.

www.bellefon.fr.st

PASCAL **BLANCHÉ**

artiste numérique

Pascal Blanché, 31 ans, diplômé des Beaux-Arts de Marseille en 1994, fait ses débuts comme illustrateur pour *Tilt Magazine*. Il travaille ensuite à Paris dans plusieurs sociétés de création de jeux vidéo, comme modélisateur de personnages et animateur, puis part au Canada en 2000 pour occuper un poste d'animateur senior sur le premier long métrage 3D franco-canadien, *Kaena the prophecy*. Il est maintenant directeur artistique pour Ubisoft Canada et crée, en parallèle, tout un univers graphique personnel, inspiré d'œuvres d'*Heroic Fantasy* et de science-fiction, qu'il publie sur Internet. Cette exposition lui vaut une forte reconnaissance de la communauté 3D et lui permet de décrocher plusieurs contrats free-lance.

lobo971@yahoo.com
www.3dluvr.com/pascalb

JEAN-SÉBASTIEN **HODDÉ**

infographiste

Jean-Sébastien Hoddé, 23 ans, a intégré la société Alpha-Team depuis un an et dirige maintenant la branche 3D, orientée jeu vidéo. Autodidacte, il a débuté en 1995 grâce à la découverte de 3D Studio 3 sous MS-DOS dont il suit l'évolution depuis. Passionné par le réalisme, Jean-Sébastien Hoddé désire s'orienter vers l'animation à caractère cinématographique.

jeansehodde@wanadoo.fr

RAPHAËL **LACOSTE** alias **ELRAFO**

directeur artistique dans le jeu vidéo

Formé par des études aux Beaux-Arts et au Centre national de la BD d'Angoulême, Raphaël Lacoste multiplie ses expériences, aussi bien dans le théâtre comme photographe que dans le cinéma d'animation 3D et le jeu vidéo. En 1997, il participe à la création du spectacle *le Petit Prince* avec la Compagnie des Pygmalions en réalisant des images projetées sur écran géant. En 1998, il réalise un film d'animation 3D, *Niumb*, qui est diffusé aux salons Siggraph, Imagina et Anima Mundi 2000, ainsi que sur Canal+. Il occupe ensuite un poste de graphiste décors chez Kalisto, et devient spécialiste de ce domaine. Il est aujourd'hui directeur artistique chez Ubisoft Canada.

raphia@netcourrier.com
www.3dluvr.com/elrafo

OLIVIER **LEONARDI**

infographiste 3D

Après cinq ans d'études aux Beaux-Arts de Marseille, Olivier Leonardi intègre la société Virtual Xperience, un jeune studio de développement de jeux vidéo, en tant que graphiste 2D puis 3D. Il est ensuite recruté par le studio Katarsys, où il occupera pendant quatre ans le poste de directeur artistique et participera à toutes les réalisations du studio. Il est actuellement formateur 3ds max et After Effects au sein de la société Ziggourat Formation.

oleev3@yahoo.com

XAVIER **MARQUIS** alias **PROFESSOR-X**

artiste digital et character designer

Après des études d'histoire, Xavier Marquis commence sa carrière d'infographiste pour les studios Canal+ / C :. Puis il travaille durant trois ans comme lead artist dans le webdesign. Cette expérience l'amène au développement de sa propre galerie sur le Web, Xavier Marquis se définissant lui-même comme un artiste de la toile. Aujourd'hui, en parallèle de ses propres recherches, il s'est tourné vers le secteur du jeu vidéo.

xavier@professor-X.net
www.professor-X.net

MARC **MORDELET**

modeleur de pixels

Après cinq années d'études aux Beaux-Arts de Rennes, Marc Mordelet a créé diverses sociétés de communication, spécialisées dans l'édition papier et le multimédia. Il travaille en free-lance pour plusieurs sociétés et collabore à diverses productions audiovisuelles. Il prépare actuellement une adaptation en animation 3D de la bande dessinée *The Watchmen* (éd. DC Comics).

marc_mordelet@yahoo.fr

MICHEL **ROGER**

infographiste

Après des études scientifiques et techniques, Michel Roger décide de changer d'orientation lorsqu'il s'initie à l'infographie sur Amiga 500. Son passage aux Beaux-Arts lui fait découvrir Photoshop, et il commence son apprentissage de la modélisation 3D sur PC. Le monde des jeux vidéo l'attire ; il rejoint Kalisto puis Infogrames où il s'occupe de la modélisation de décors et de personnages pour les jeux 3D temps réel. Parallèlement à son emploi, il propose sur Internet, par l'intermédiaire de son site, un ensemble de didacticiels d'initiation à la modélisation de personnages avec 3ds max.

michel.roger15@wanadoo.fr
http://mr2k.3dvf.net

STÉPHANE **WIEDERKEHR**

animateur 3D et infographiste

Animateur 3D et infographiste polyvalent, Stéphane Wiederkehr a démarré sa carrière en 1996 comme modeleur dans l'industrie du jeu vidéo chez Visiware. Il collabore ensuite, jusqu'en 2001, à la production de plusieurs jeux tels que *Alone in the Dark 4, The Nomad Soul* ou *Dracula 2* pour différentes sociétés comme Darkworks, Psygnosis, Quantic Dream et Index +. Chargé de cours d'animation 3D depuis 1999 pour la société Cifap, il travaille comme free-lance depuis 2001 dans la production audiovisuelle pour différentes compagnies.

swieder@infonie.fr

Chez le même éditeur

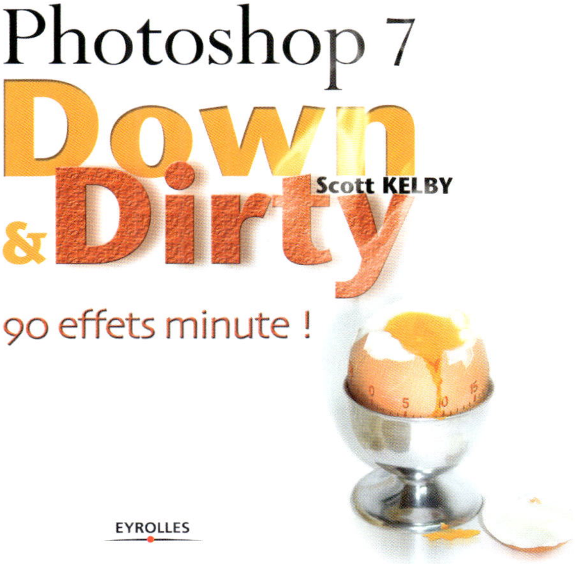

ISBN : 2-212-11153-3
282 pages • 35 €

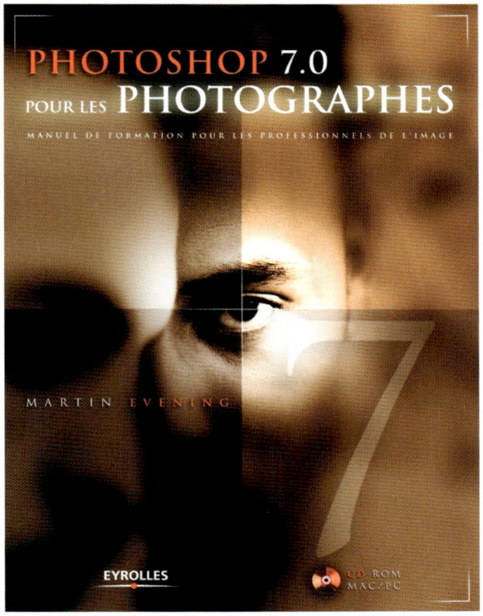

ISBN : 2-212-11161-4
392 pages • 45 €

ISBN : 2-212-11172-X
412 pages • 45 €

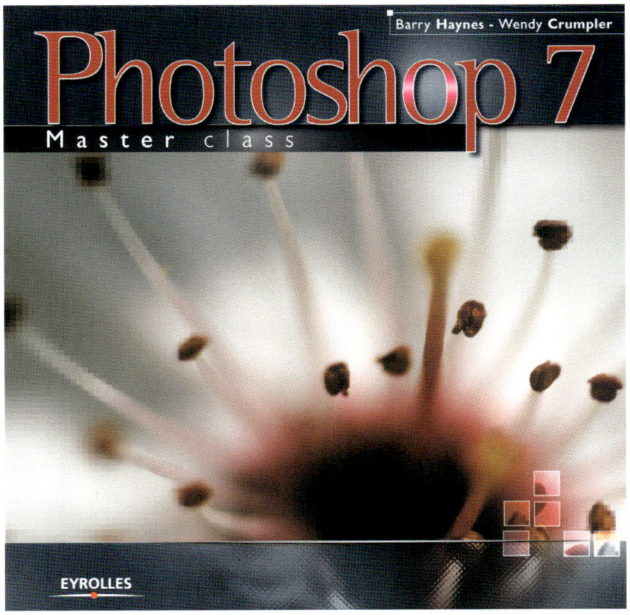

ISBN : 2-212-11178-9
430 pages • 45 €

Conception maquette et mise en pages
Nord Compo

Imprimé en France
Dépôt légal : mars 2003
Numéro éditeur : 6898

Achevé d'imprimer le 26 février 2003
sur les presses de l'imprimerie «La Source d'Or»
63200 Marsat
Imprimeur n° 11220